格林兄弟传

郝志刚◎著

时代文艺出版社

图书在版编目（CIP）数据

格林兄弟传 / 郝志刚著. —长春：时代文艺出版社，2015.12（2023.7重印）
（世界文学大师传记丛书）

ISBN 978-7-5387-4845-1

Ⅰ.①格… Ⅱ.①郝… Ⅲ.①格林，J.（1785～1863）—传记
②格林，W.（1786～1859）—传记 Ⅳ.①K835.165.6

中国版本图书馆CIP数据核字（2015）第210599号

出 品 人　陈 琛
责任编辑　李贺来
助理编辑　孙英起
装帧设计　孙 利
排版制作　隋淑凤

本书著作权、版式和装帧设计受国际版权公约和中华人民共和国著作权法保护
本书所有文字、图片和示意图等专有使用权为时代文艺出版社所有
未事先获得时代文艺出版社许可
本书的任何部分不得以图表、电子、影印、缩拍、录音和其他任何手段
进行复制和转载，违者必究

格林兄弟传

郝志刚 著

出版发行 / 时代文艺出版社
地址 / 长春市福祉大路5788号　龙腾国际大厦A座15层　邮编 / 130118
总编办 / 0431-81629751　发行部 / 0431-81629755
官方微博 / weibo.com / tlapress　天猫旗舰店 / sdwycbsgf.tmall.com
印刷 / 北京市一鑫印务有限公司
开本 / 710mm×1000mm　1 / 16　字数 / 150千字　印张 / 12
版次 / 2015年12月第1版　印次 / 2023年7月第3次印刷　定价 / 36.00元

图书如有印装错误　请寄回印厂调换

目录 Contents

序言　童话源于"浪漫主义" / 001

第一章　童年的梦和学习时代
1. 哈脑和施太诺 / 002
2. 卡塞尔的求学之路 / 008
3. 大学生活 / 014

第二章　初识梦想笃定行走
1. 巴黎之行 / 020
2. 一路走来一路读 / 024
3. 在柏林探寻古典作品与浪漫主义 / 029
4. 在无人探索的道路上前行 / 034

第三章　离童话越来越近
1. 走在童话的小径 / 040
2. 第二次巴黎之行 / 047
3. 维也纳会议期间 / 052

第四章　梦想照进现实
1. 童话集第二卷 / 058
2. 简单的生活 / 063
3. 关于传说和语法 / 067

第五章　人生的一次转折
1. 卡塞尔的最后生活 ／ 076
2. 有一种态度叫严谨 ／ 082
3. 去往哥廷根 ／ 085
4. 哥廷根的生活 ／ 089

第六章　那些在哥廷根的记忆
1. 哥廷根年代的生活 ／ 096
2. 哥廷根七君子 ／ 104
3. 不屈服的抗争 ／ 110

第七章　在柏林的理论和研究
1. 词典的编纂工作 ／ 118
2. 点燃柏林的希望 ／ 123
3. 柏林的研究与生活 ／ 129

第八章　希望与现实的差距
1. 外面的世界 ／ 140
2. 平静而又幸福的小世界 ／ 144
3. 怎样的战斗 ／ 147

第九章　夕阳无限好
1. 《德语词典》进行时 ／ 156
2. 日暮之时 ／ 161
3. 最后的时光 ／ 167

附　录
格林兄弟生平 ／ 178
格林兄弟年表 ／ 181

序言

童话源于"浪漫主义"

格林兄弟生活和创作的命运同德国文学发展过程中一个最有意思的时代，即浪漫主义时代，不可分割地联系在一起。浪漫主义是世界文学中一种复杂和多方面的现象，它产生于欧洲18至19世纪，30年的德国浪漫主义文学为世界提供了许多具有高度艺术的完美形象。

1789—1794年的法国革命，给德国的思想界以很大的影响，这表现在：它鼓舞了这个时代许多作家革新生活和思想的自发力量，为自由和运动提供了可能性，对于已经暴露的犹如花岗岩一样坚固的旧社会基础不可靠的敏感和对于新时代诞生的预感，尽管还不清楚这是一个什么样的时代。

按照恩格斯的说法，法国革命"像霹雳一样击中了这个叫作德国的混乱世界"，惊动了它的社会生活和社会思想，并且使这个由三百六十多个大大小小的公国组成的"布头封建帝国"成了社会深刻变革的预兆。

德国人对于法国革命的结局有两种反应：一方面，推翻旧的、腐朽的封建王朝和由雅各宾派宣布的自由与平等的叛逆思想对德国人产生了强大的激发作用，形成了新的、进步思想的新鲜气氛；另一方面，由于对革命敌人实行的革命恐吓，许多人在法国资产阶级发展的头几年就已经对法国革命的结局产生了失望的情绪并对实现现实进步思想的可能性本身产生了怀疑。

在这种情况下，产生了德国的浪漫主义。

德国浪漫主义是从耶拿的生气勃勃和有才华的青年文学家小组的活动开始的，从而有"耶拿浪漫派"之称。

这些人由1796年开始经常在施莱格尔兄弟、弗里德里希和奥古斯特的家里集会。

格林兄弟与浪漫主义的联系不仅限于文学方面，这种联系在同等程度上也扩展了他们的科学研究领域——语文、历史和法学。如果说晚期浪漫派决定了他们对民间口头创作和民族古代遗风的兴趣，那么早期浪漫主义则对他们的科学方法的形成产生较大的影响。

这一点之所以重要，是语文学、一般社会科学和整个历史学派的历史比较法的形成与雅科布·格林的名字是联系在一起的。

当我们回想遥远的童年时，我们会情不自禁地想到童话，童话中生动的形象和情节成了童年意识中不可分割的一部分。

三个世纪前，在欧洲艺术的古典主义时代，人们对民间童话是不屑一顾的，认为那是口头创作的低级形式。就是在文化发展的其他时代，也有不少人认为童话只是刺激，甚至在某种程度上是侮辱文明人类审美感的极其简单的半原始艺术形式。

这种对童话的态度，使得很少有人关心童话的保存和研究工作。然而，童话自然而然地存在于民间，存在于热心的甚至是没有文化的说书人和无数童话爱好者的记忆之中。

格林兄弟为保存古代口头和书面文学作品的思想所驱使，在搜集、抄写、部分校订和出版日耳曼中部德国童话方面做了大量细致的工作。

第一章 童年的梦和学习时代

1. 哈脑和施太诺

1785年1月4日，这一天的天空对格林家来说显得特别的蓝，因为一个可爱的小男孩在这一天降临人世，降临这个温暖的大家庭。他叫雅科布·格林，一年之后，在2月24日，弟弟威廉的出生又给家里增添了惊喜。

开始，格林家住在哈脑主要广场的附近，很快父母就将家搬到一处离市政管理局不远的长胡同里，格林兄弟幼时的记忆很多是在之后的新家中，新家对于他们也就显得更加亲切了。

冬天，客厅壁炉里的黄色火苗微微跳动，一切显得安详而美好。母亲喜欢用带有甜酒味的热水给孩子们洗澡，可是孩子们好像并不那么喜欢。春天的时候，正对胡同的窗子总会敞开着，阳光温和，洒在屋内的地上。孩子们在街道上把球传给小伙伴，母亲站在窗前，静静看着街上，面带微笑。

每到节假日的时候，母亲会给格林兄弟特别打扮一番。她让雅科布穿上带有花边领子的紫色坎肩，那颜色是够艳丽，还要围上绿色的围巾；威廉则穿着带红色绦带的白色衣服，看上去很是喜庆。当然孩子们对于如此花哨的打扮并不喜欢，他们更喜欢穿朴素的衣服，这样才可以很自由地在花园里跑来跑去。

他们习惯了在女仆的陪同下穿过新城的市场去法语老师家里上课。去的路上，他们有时会停下来，好奇地观看一只在钟楼尖上转动的小公鸡，小公鸡是金色的风向标，在阳光下闪闪发光。

他们也常常一起去亲戚家。他们的姑妈是一个寡妇，没有子女，住在离他们不远的地方。姑妈是那个时代少有的懂得算数和教义问答的女性，在姑妈的精心引导下，小兄弟两个都对这些知识产生了兴趣。姑妈对于雅科布那时的理解能力十分吃惊，因为雅科布总是很快就学会了读书和数数。

兄弟俩每个礼拜还会去看望祖父母好几次。祖父在7年战争期间饱经沧桑，这也使得他对生活的态度变得特别温和。祖父对格林兄弟的才能是肯定的：有一次，雅科布竟然流利地朗读了报上的一篇文章；还有一次，雅科布爬到椅子上就传起道来，逗得祖父都忍不住大笑起来。

施太诺在基增格河上游，离哈脑不远。它不是一个偏僻的地方，坐落在一条从法兰克福到莱比锡的繁华的路上。雅科布6岁的时候，父亲在施太诺做行政助理和法官。

1791年春，一辆马车沿着一条不平坦的道路慢慢走着。施太诺的一切看上去春意盎然，盛开的山楂树是如此艳丽，基增格河的两岸绿草如茵。雅科布不时好奇地从车里探出头来，威廉坐在母亲膝边的小箱子上，他也不时挺直身子，想把外面的景色看个遍。

炊烟在一个个红色的屋顶上袅袅升起，还未升到钟楼的高度就消散了。

马车终于在一处住宅前停下了。父亲有些欣喜地下了车，走上去打开了公馆的门，母亲轻轻将孩子们从车上抱下来。

这座房子是用石头建造的，看上去很是坚固，给人以安全感。正门阶梯的两边分别有一棵椴树，它们相对着，显得和谐。房子第一层的窗户是朝着街的，窗子都是拱形的。第二层的墙架结构是由不同形式的承重悬臂支撑着的，屋内非常宽敞，光线很明亮。从正面经过圆形塔楼就可以走到行政长官的房间，父亲在那里可以解决诉讼案件。

父亲对这次的搬家显得很是高兴。他们在这座房子里度过了大约五年的幸福时光。

雅科布和威廉的卧室是浅绿色的。早上他们起来穿衣服的时候，可以听到隔壁房间的水烧开的嘶嘶声。父亲在做完早上的祷告后，习惯性地抽一支烟斗，仆人在这时会给他梳假发辫。之后父亲就在自己的办公室里办理市政和郊区业务。他是一位很公道的行政助理，与来访者的交谈氛围总是很融洽。母亲也会常常去那里坐一坐。

傍晚的时候，格林兄弟结束了白天的功课，这时也是他们最期盼的美好时光——他们可以在院子或是花园里面嬉戏玩耍了。他们一般会赶一赶羔羊，看一看鸽子，逗一逗家兔，家里的狗狗和两匹马也是他们喜爱的伙伴。

不久，家里又多了一个漂亮的女孩儿洛塔。晚上，一个大家庭在一起吃饭，这里面包括姑姑和寡妇姑母。吃完晚饭，大人们便开始忙着收拾，孩子们这时也会参与进来。父亲喜欢饭后到花园里走走，如果是秋天，父亲喜欢剪下一串紫红的葡萄作为甜食。父亲做事总是认真而严谨，他也习惯去禽舍看看鸡鸭们，检查马厩和牛栏是否一切正常妥当。巡视回来后，桌上总有一杯温热的咖啡等待着他。

格林兄弟晚上也要跟着家庭教师学习一会儿，而父亲会在自己的办公室继续工作。在这样一个和谐的大家庭，主妇们也不会闲着，她们会找些事情做，比如缝补和编织，或者早早准备第二天的饭菜，挑拣些蔬菜和洗洗苹果。

日子看似平淡如水，节日的喜庆使得一切看上去有了更多的色彩。这时，父亲会穿上一套饰有金黄绶带和红丝绒领子的蓝色礼服，看上去显得很庄重。有时会有骑马的活动，他就穿上带银光马刺的皮靴和皮裤，协调而好看。雅科布和威廉对这样的着装感到非常兴奋，他们总是久久打量着身穿豪华礼服或者绿色猎服的父亲，心里会为父亲感到骄傲。

如果有特别重要的客人，父亲习惯在楼上自己的接待室里接待他们。接待室里陈列着许多公家的贵重家具，而他的前任们也并不都是诚实正直之人，在欲望面前他们总有模糊双眼的时候。

人们也常常给孩子们讲述这样的故事：深夜，曾经因为某些犯罪行为而受到严厉惩罚的行政长官们，虽然他们早已死去，但是他们的影子好像会不时在房子里徘徊。是懊悔那时的贪婪，还是对揭发自己的人无法释怀，我们也不得而知。在这所房子里，孩子们从小就被教诲要有忠诚和尽职的品德，要做一个诚实和正直的人，并且懂得珍惜和节俭。格林兄弟的父母就是很好的榜样。

一家人生活得简单而和睦。在家里有许多欢乐的时候，一般是在生日派对上或者是在圣诞节上。大人们会送孩子们金质纪念章之类的东西作为礼物，孩子们总是很高兴。

在圣诞节前夕，孩子们必须学会耐心地等待，他们知道房内的圣诞树早已装扮得非常好看。他们要认真地聆听大人们讲话。等待，等待，还是等待，越来越接近了，欢乐的铃声终于响了！孩子们欢呼着，迫不及待地打开房门。眼前的圣诞树被金银苹果、核桃和一支支燃烧着的蜡烛装饰得闪闪发光，像天上的星星，闪耀着希望和美好的光亮。

施太诺城并不算大，不过经过市政府的精心规划，整座城市倒是规整、干净。其中，城市的一条主干道两旁热闹非凡。小兄弟两人在这里可以看到制鞍工匠、鞋匠、裁缝、屠夫和织布工人是如何干活的；还有铁匠挥汗打铁、牧女放鹅和羊群、面包师做香甜可口的面包；以及经过一路颠簸的马车在客店休息，包括板车上几个古怪的人大声报着即将开始的演出节目。这一切都像是旧童话里出现的场景。

城墙根前面有两口喷泉，格林兄弟常常和什捷费利耶或是克拉斯亨跑去那儿玩。喷泉水冬暖夏凉。后来，格林兄弟被允许独自出城了。他们最喜欢的是格林家那个有名的花园——那个带有亭子和养蜂场的花园。花园里面还有很多果树和蔬菜，花香满园。看管花园的是一位年老耳聋的花匠，性格温和。他们和妹妹在这里玩耍的时候，母亲经常会微笑地看着他们。

格林兄弟也喜欢到郊外的树林里面走走，他们可以凭借声音来辨别啄木鸟和椋鸟，好像他们能够听懂山鸟和鸦鸟在谈论什么似的。后来格林兄弟的童话集里面也描写了他们第一次在施太诺附近的森林里听到的各种声音，这与他们的经历是密不可分的。树林里散发着各种花香，格林兄弟也是在这时候开始搜集各种花草和植物，并成为植物爱好者的。

然而一切并不是一直那么美好，遂人意的事情延续久了就会有不幸的事情来中和一下，这似乎也是某种冥冥的规则。

1796年的新年前夕，不幸的事情降临在这个普通家庭中。格林兄弟的父亲不慎得了肺炎，医疗条件的低下和庸医的延误导致病情日益加重，作为长子，雅科布给在哈脑的祖父写了一封夹杂了忧伤和孩童特有的希望的信。或许真的是希望越大，失望越大，死神还是毫不留情地带走了亲爱的父亲。世界一下变暗了，一个40多岁的寡妇带着六个孩子，没有了依托，该如何寻找光亮继续生存下去？

天未大亮，晨雾灰茫茫的，雅科布穿着睡衣就悄悄溜到了停尸房门前。他轻轻将门推开一条缝，向里面张望，看到棺材匠正在灯光下量着尺寸。

棺材匠对助手说："我想躺在这儿的这个人，值得用一口纯银的棺材。"

1月12日的早晨，雅科布从窗子里看到几个男人手拿着柠檬花和迷迭香将棺材抬了出来，热爱着人们同时也被人们热爱的父亲就被葬在了城墙旁边的一块墓地里。

在丧事办完之后，雅科布作为一家之长在家谱上登记了父亲的死亡，然后把这个不幸的消息通知了亲友。这时的雅科布再也掩饰不了他的悲痛了，失声痛哭起来，他知道父亲再也不会慈祥地抚摸他的头了。

后来母亲在古季斯特医院大楼里找到了一个暂时栖身的地方，这或许是施太诺城最老的一所房子了。这所浪漫式的房子对他们来说是有些拥挤的。几个月之后，母亲在"旧酒窖"附近买了几间房间，他们在那里一直住到1805年。

精力充沛的什列麦尔姑姑一直在格林家里帮忙操劳家务，然而死神太贪心了，连她也想带走。就在格林兄弟的父亲去世的同年12月，姑姑也得了重病，卧床不起。一天夜里，姑姑觉得死神就要来了，便要求弟媳为她祈祷，格林兄弟的母亲便开始念祛病的祷文。

姑姑有一种特殊的精神力量，她反驳道："不对，不对，弟媳，你应该找一篇要给死人念的祷文。"面对死神，姑姑是那样的从容、冷静、安详。

父亲和姑姑的去世对雅科布和威廉的影响还是很大的。他们从此便把自己看成是大人了，担负着这个家里很大的责任。他们同母亲一起悉心照料着年幼的弟弟妹妹，更确切地说是整个家，是的，整个家。

住在哈脑的祖父十分惦念他们，当然还有其他人，在卡塞尔诸侯宫当使女的根里耶塔·齐麦尔姨母也在体贴入微地尽自己最大力量帮助自己的外甥。雅科布和威廉已经懂得自己所肩负的对弟弟妹妹妹的责任，并且知道必须为他们做出好的榜样。

母亲为了照顾六个孩子而活着，坚定地活着。在生活痛苦的重压下，母亲的背越来越驼了，那原来非常清秀的面庞也越来越显得苍老了。这一切，格林兄弟都看在眼里，痛在心里。

在施太诺，雅科布经历了一生中的又一件重要事件。1798年复活节前的礼拜日，圣叶卡捷琳娜教堂为他举行了坚信礼，这是他第一次参加圣餐礼。

雅科布说："我感到再也没有比这更虔诚的了。"

格林兄弟在这里上学的时间不短了，雅科布伤心地对母亲说，他在这儿没有什么可学的了，他说着说着就哭了起来。尽管他对这个城市爱得深沉，尽管这个城市里有关于父亲的回忆，尽管这里的一切是那么熟悉，他还是得为自己的将来考虑得更深远些。为了让两个儿子能够继续学习，母亲也需要考虑和决定许多重要的事情。

2. 卡塞尔的求学之路

1798年夏，母亲同在卡塞尔宫当使女的姐妹根里耶塔·菲利皮娜·齐麦尔商量把雅科布和威廉安排进卡塞尔更高一级的学校里学习。根里耶塔心中充满了对外甥们"最纯洁和最富有忘我精神"的爱护。她同意接格林兄弟到卡塞尔，并为他们提供食宿。母亲便同意孩子们离开，去追求更高的理想。

1798年9月的一天，天空中飘浮着厚厚的黑云，树枝上的小鸟似乎也不再活跃，告别的时刻到来了！即便只有十几岁，雅科布和威廉心中依然充满不尽的悲伤。当离别到来的时刻，兄弟两人都流下了伤心的泪水。回头再看一次那单调的花园吧！此刻它的意义已经远远超出了它的单调。回头再望一望破旧的窗户吧！窗户也并不显得破旧。童年的回忆就这样永远封存在两兄弟的头脑中，在以后的岁月中，这些记忆如同线索，不时醒来，不时给予他们更多的意义。格林兄弟就这样和自己的童年说了再见。母亲跟在车后，抹着眼泪，万千的舍不得。

格林兄弟乘坐驿车的新鲜感一直没有消退。频繁地更换马车使得他们慢慢忘却了长途的艰辛而变得欢快起来。他们先来到了哈脑的爷爷家，爷爷很高兴地迎接了他们。在法兰克福，总驿站长柳佩利很好地照顾了格林兄弟。总驿站长请他们吃了饭，喝了咖啡，甚至还带他们去看了马戏团演出。

这个马戏团的表演非常的精彩。马戏团带来了许多野生动物，有大象、老虎、鹦鹉和猴子等。后来总驿站长还带他们参观了蜡像馆，正在展出的是腊雕，有许多和真人一样大小的皇帝、国王、将军以及其他历史人物。格林兄弟对看到的这一切显得异常惊讶和欣喜，在心中也埋下了对童话美好想象的种子。

第二天早上，在驿车上路之前，总驿站长又给了他们一封信，那是给下一站驿长的，这样一路颠簸，格林兄弟最终顺利到达了卡塞尔。

雅科布和威廉对于他们在这个世界即将开始的新生活充满美好的向往。他们也很快认识到外面的世界是多么的大，以前在施太诺学习的一些东西并不完善。他们依旧保持着勤奋和认真的学习态度。

进入中学之后，有很多东西是他们以前没有学过的。雅科布被编入了一年级，而威廉不得不先补习部分课程。

在1799年复活节前，威廉进入了一年级。中学一般要学习七八年，由于格林兄弟的勤奋和天赋，他们很快就掌握了所学的知识，跳过了几个年级，这样，他们学了四年就顺利中学毕业了。

在中学学习期间，爷爷曾给两个孙子写信。爷爷让他们无论怎样都要记住来卡塞尔的目标，要在学业上表现出最大的努力，并以自己的努力"为未来的幸福打下基础，从而为家庭带来欢乐"。爷爷还告诫他们："要回避可疑的人们，那些人会带你们去干不好的事情，要与明智而理性的人交往，并从别人身上学到对自己有益的东西。要对上帝虔诚，这是一切智慧的起源。"

正所谓福无双至祸不单行，在兄弟俩离开故乡仅仅两个月后，一个慈爱的老人也从他们的生活中永远消失了。格林兄弟的爷爷，这个用爱滋润着两个兄弟、用书信指引他们生命方向的老人病逝了。他死于1798年11月22日，这一天，成为兄弟两个永生铭记的一天。因为从这一天开始，生命的新的篇章揭开了。似乎是一瞬间，也似乎是长久以来一直积累下来的某种东西，促使两兄弟更快地成长起来。童年，一个美丽而幸福的时代，渐行渐远，最后落下了可悲的帷幕。

爷爷离开的消息使格林兄弟感到震惊，虽然他们知道死是人一生不可避免的事情，但还是为爷爷的逝世感到难过。母亲也因为爷爷的逝世，操心的事情又增加了。她叹息道："打击接踵而至，我这个没有什么用的脑袋都忙得发晕了。"

母亲也惊恐地想到，如果老天爷把她也召走，只留下孩子们，他们该怎么办。她也总告诫格林兄弟要远离那些行为冲动的学生，还极力提醒他们，不要参加那些不好的娱乐活动，即使那些娱乐活动对同龄人来说是很正常的、不足为怪的。

在爷爷死后，母亲给在卡塞尔的儿子写信说："感谢上帝，希望你们都健康。你们若能保持这样的学习态度，我将得到宽慰。你们要努力在各个方面使善良的姨母感到愉快。姨母对你们的爱护之情是你们一生都报答不尽的。"

雅科布和威廉一直在努力做一个无愧于姨母爱护的人,并尽力不辜负长辈们对自己的期望。从1798年到1802年,格林兄弟在卡塞尔学习了大量知识,他们研究地理学、博物学、人类学、伦理学、物理学、逻辑学以及哲学,不过教学的基础是语文和历史。雅科布更喜欢研究语言和历史,他对这两门学科特别感兴趣。

格林兄弟每天除了在学校学习六小时还在家里学习四五个小时。在家里,宫廷少年侍卫的教师基特马尔·什焦尔总会热情而又耐心地帮助他们学习法语和拉丁语。这样,格林兄弟几乎从早上到晚上都在学习,很少有休息的时间。雅科布贪婪地吸收一切新的东西,并能很好地掌握。他在后来回忆说:"总的说来,我们负担的有些重。如果有几个小时的空闲,想必对我们是非常有益的。"

尽管负担过重,雅科布还是将中学学习的这几年坚持下来了。他虽然有些消瘦,但是还算匀称优雅,比富有想象力的威廉能耐更大一些。雅科布承受了多半是坐着、不活动的生活方式以及缺乏新鲜空气的生活,他也承受了无比枯燥的读死书的学习方法。

由于没有规律的体育锻炼,雅科布的健康还算好,威廉的状况就不那么乐观了。威廉在害过猩红热之后,总觉得心口疼并且有时呼吸困难。从这时起,冬天去上学时,威廉总是感到特别难受。

格林兄弟有时候会用非常宝贵的一两个小时的空闲时间来绘画。经过独立自主的学习,他们也算是熟能生巧,素描的功力非常好了。后来当雅科布和威廉在家里展出他们的画时,大家都啧啧称赞。小弟弟路德维希·埃米利显得特别高兴,谁说他之后的学画之路不是受两位哥哥影响的呢?作为著名的版画家和写生画家,他也算是在艺术史上占有一席之地。

在学习绘画的同时，格林兄弟还特别迷恋收藏活动。因为有许多书籍是他们无力购买的，所以摘抄各种书籍就成了他们收藏活动的一种特殊形式。他们非常认真而严谨地将书中生动有趣的部分或是自己喜欢的部分抄到一个个专门的本子里。

格林兄弟学习刻苦，总能在班级中排进前几名。在每周六的周检查中，雅科布总能出色地回答出所有问题。

威廉和哥哥之间还是有一些距离的。在中学，雅科布也碰到过不公平的事，还是跟老师有关。当时老师对其他学生都用敬语，唯独对雅科布没有，而是用很普通的口语。雅科布知道或许是因为他是从乡下来的，但是在法律和习俗面前应该人人平等，他便非常气愤地对老师说："教师在任何时候都不应允许自己强调这种不平等，因为学生是会非常敏锐地感觉到这一点的。"

在学校，赫捷尔教授是最受学生爱戴的，他还是公认的真正的语文学家。虽然他年事已高，但是他待人一直亲切随和、体贴得体，所以学生们大都很喜欢他。

而有些人就不一样了，比如副校长霍斯巴赫是一个喜怒无常的人；罗别尔特导员在学生中毫无威信可言，因此他的课上学生们总是大声吵嚷，一点面子也不给他。

虽然学生们确实在这里为进入大学打下了坚实的基础，但是就像雅科布说的："绝不能认为它是这类学校中最完善的学校。"

和格林兄弟在中学就是朋友的还有未来的作家埃伦斯特·奥托·封·德尔·玛丽斯堡和帕乌利·维甘德。他们有时也会通信。

友情，这种除了爱情和亲情之外人类所共有的情感这时候适时地来到了。课业并没有繁重到让年轻的孩子们失去寻找快乐的心情，只要闲下来，格林兄弟会和朋友们一起散步、捕蝴蝶、采集植物标本。枯燥无味的课堂上，几个朋友悄悄传看他们稚嫩的著作，有时候是片段，有时候是诗。总之，文字在此时已经开始在格林兄弟的身上显出力量。当然，课堂上的玩闹并不妨碍他们做一个勤奋的、有坚定目标的好学生。

格林兄弟在这段时间读了很多书。开始的时候是不加选择地一本接一本地读，并不去区分哪些是好书，哪些是不好的书。他们对诗和短篇叙事诗有特别的偏好，搜集了满满的好几本。他们对于拉封丹的明哲寓言已经烂熟于心，想拥有自己的图书这个愿望也越来越强烈。因为经济的拮据，格林兄弟常常和朋友一起到旧书摊或是旧货商那里搜寻便宜而又吸引他们的读物。

每年秋天，在和母亲分别了11个月之后，格林兄弟就会回到施太诺，回到那个熟悉的"旧酒窖"。

家里有牛栏、马厩、草棚子、不算大的花园和菜园。格林兄弟在家里住几个礼拜就意味着在乡村度过一段美好时光。就在这短短的几个礼拜，母亲总是喜笑颜开。每天晚上，她还会点上蜡烛，听孩子们讲在学校的事情。雅科布和威廉当然也觉得家里充满温馨的气氛，在弟弟妹妹面前，他们已经是"大人"了，而这样的眼光也促使兄弟两人担起更大的责任，从基础开始，把自己学到的知识尽可能地传授给弟弟妹妹们。

在施太诺散步的时候，他们总会同遇到的人点头行礼，这使他们感觉像是又回到了童年时代的童话世界。

时间如白驹过隙，快乐的时光总是很快就过去了，转眼格林兄弟又回到了卡塞尔，继续紧张的学习生活。他们只要一想起母亲和根里耶塔姨母就会动力十足。

在纪念1802年新年的时候，雅科布还向姨母献上了这样一首感情真挚的诗：

去，去，去到神圣而光明的天境

献上我的感激之情

述说高尚的心地，信念的激情

和理应幸福的爱护心胸

我们在天堂的父亲一定会听到

我那寓于快乐之中的热烈恳请

对于你慈善的奖赏

这里是感谢，那里是桂冠一顶

当然这种感激之情不是口头说说就算的，而是表现在优秀的学习成绩上面。1802年复活节，雅科布从校长那里领到了珍贵的毕业证书，毕业证书上面写道："鉴于这个优雅的青年富有天才的实力和勤奋的学习精神，给予最高表彰。"

这为雅科布进入大学提供了很大的可能性以及很好的契机。只有一件事是他放不下的，那就是要同还在治疗气喘病的威廉弟弟分开。

3. 大学生活

当时每一个大学生都积极展现和表露自己，学校的老师和学生对此都很了解。马尔堡大学当时共有两百名学生左右，雅科布是其中的一个。

雅科布选择的专业是法学。他虽然热爱大自然，热爱神秘的植物界。还曾经研究植物学，但是为了纪念父亲，他还是决定做一个法学家。父亲以前经常向他们解释法典上的条款和规章，甚至还抄写了自己在实践中的种种案例，认为以后可能对他们有用。

在雅科布学习法律基础的时候，威廉因为气喘病的发作已经在病床上躺了几个月了。到1803年春天，威廉才恢复得好一些，于是雅科布将他带到了马尔堡。威廉在这里也学习法律。格林兄弟两人又可以一起学习，相互帮助了，只是这一次的地点换在了大学。当然，即使在马尔堡，威廉也要定期接受医生的检查。

马尔堡有许多具有纪念意义的建筑，比如哥特式的圣伊丽莎白大教堂，教堂的玻璃和地下室是带画的。从这里可以看到山谷和马尔堡四郊的壮丽景色：树林葱郁的丘陵，绿草如茵的牧场以及流水潺潺的小溪。

格林兄弟看到这样美丽的景色非常高兴，他们跑到小溪边，坐在柳树下，看远处的房屋在夕阳的余晖中显得那么安详和宁静，看着看着就醉了，想象也在此时飞出了好远。

由于经费的不足，格林兄弟一如既往地把时间都用在了学业上。正如雅科布所说的生活受着"极大地限制"。

他们上课不但听逻辑学和历史课，而且还听自然法、国家法、司法和刑法等课程。有时候老师上课的速度非常快，这时就只能匆忙地记下要点，还有许多涂改的地方，这就需要晚上重新整理了。

马尔堡大学的老师弗里德里希·卡尔·封·萨维尼对格林兄弟的大学生活以及今后的创作具有特别的意义。萨维尼是一个法学家和罗马法史学家，他还担任过大臣，是比较年轻的教授之一。他只比雅科布大六岁，在1803年，他还发表了《占有权》一书，并以此奠定了法学历史学派的基础。

雅科布有一次在萨维尼的辅导课上写了一篇专门论述法律的论文，萨维尼给予了很高的评价。他说，"雅科布非常正确地、无可挑剔地解决了我所给出的任务"。这一评价给予雅科布更大的动力和鼓舞。由于他有机会将其他学生的作业带给教授，他们之间便有了更多的接触，雅科布也因此得到了一个非常重要的许可：可以借用学识渊博的萨维尼的图书！

很快，萨维尼的课程成了雅科布最喜爱的课程，对于萨维尼本人，他也是极其崇拜。

1803年，雅科布会经常到萨维尼的家里来。萨维尼的家住在非常安静的地方。在那里，任何外界的事情也不妨碍他的学术工作。仆人会开门，将造访者带到房间，那个充满阳光的房间。屋里有软座家具，墙上还挂有铜版画。这一切都非常适宜一场愉快的谈话。

教授会身穿灰色便服和一件褐色的带有蓝条的坎肩，他又高又瘦，经常站在书架前沉思。教授的书非常多，雅科布对此非常的欣喜。

威廉和哥哥一样，也非常乐意听萨维尼教授的课。萨维尼的课总是生动而又充实流畅，绝对没有表面的空洞语言来哗众取宠。他学识渊博，经常在课上朗读一些诗句，包括歌德的《威廉·迈斯特》中的片段。也正是萨维尼的引导，格林兄弟学会了在科学探索中应遵循的方法。

这个时期，青年大学生都在关注着魏玛古典作家新作品的问世。同时德国浪漫主义作为文学新流派的一些主张也被学生们细心听取。格林兄弟因为受到朋友和萨维尼的帮助，实现了同浪漫主义者的第一次会见，这也是一次具有决定意义的会见。

1803年，雅科布接触了路德维希·蒂克的一部由他改编的《德国爱情歌手之歌》。这对雅科布今后的创作起了很大的作用。这部作品的序言把人们带进了德国中世纪的诗歌花园。"春天、美、激情"是这部作品的三个主题。

这些关于快要被遗忘的德国中世纪诗歌的话和蒂克对于爱情歌曲所做的评价，激起了雅科布心中的涟漪，他强烈地想亲自了解用中古高地德语所写的诗歌。

1758—1759年，雅科布有一次竟然在萨维尼的藏书中发现了一本异常珍贵的书——苏黎世的一个教授约翰·雅科布·鲍德麦尔根据海得尔堡的手稿发表的士瓦本时期《爱情歌手歌曲集》。雅科布在书架平梯上，认真地看过一本本书的书脊，就这样的机缘巧合发现了这本他很早就想读的书。

若干年后，雅科布写到这次意外而又欣喜的发现："我突然就看到了这本我以为永远也没有机会看到的书。我记得在右边靠近门的地方，书柜的最里侧，安静地躺着这部四开的书——鲍德麦尔的《爱情歌手歌曲集》。我一下抓住了它，迫不及待地打开了它。诗是用我不太懂的德语写的，我有一种将其反复阅读不止十遍的预感，并且它对我的帮助也是极大的。"

"我依旧记得，我在巴黎图书馆的时候要求看印成这本书的手稿，以便看一看美丽的插图，当然某些地方还需要抄写下来，单单是看一眼这种书就会在我的心里激起强烈地阅读我国古代诗人的原著和读懂学会它的那种不可遏制的愿望。"

雅科布把注意力转向了德国诗歌的渊薮，后来威廉也加入进来。他们在这些诗歌里发现了有如海边贝壳般美丽的世界。古代的语言是如此令人着迷，一个不曾了解的神秘国度之门由此打开了，它的光彩展现得如此惊人。

格林兄弟逐渐地把复杂的法律案件搁置一边。科学的嗅觉经常提示他们，在过去丰富的诗歌和古人的语言中有太多值得他们探索和发现的东西了。这时候的法学像是一块已经开垦了并且也耕种得不错了的土地，而古代德国诗歌的研究是一块新的未开垦的、充满吸引力和才智的宝地。

在马尔堡，格林兄弟通过萨维尼也认识了一些浪漫主义作家，克列缅斯·布伦坦诺是德国浪漫主义作家之一。1803年，布伦坦诺与索菲亚·麦罗结婚了。1804年，萨维尼又与布伦坦诺的妹妹库尼贡达结婚了。就是在这里，格林兄弟认识了布伦坦诺的另一个妹妹贝蒂娜，她之后成了格林兄弟比较要好的朋友。

布伦坦诺的朋友们经常在他的马尔堡家中聚会。他们总是在一起议论最高帝国会议成立之后德国各个公国生活中发生的重大变化。当然，诗歌永远是他们谈话的主要内容。

格林兄弟作为萨维尼最忠实的学生，总是以崇拜的态度看待布伦坦诺。他们经常拜访布伦坦诺，谈话常常备有茶和红酒。有时候会谈到很晚，格林兄弟会觉得收获颇丰，穿过几条黑暗的街道回到陋室的过程也变得愉悦起来。

因为经常到布伦坦诺家里做客谈天，格林兄弟也越来越深信，司法和行政职业真的不是他们的兴趣所在，那里没有吸引他们的愉悦的文学工作。研究诗歌和古代语言带给他们的乐趣是任何其他的工作无法逾越和替代的。

他们作为学生，当然非常明白在学校是不能虚度光阴的，不得不考虑自己的日常生活。回到施太诺，在家休假时，他们会想起将挣钱这最重要的一点列入自己的计划中来。

他们总是反复提醒自己身上所承担的家庭的重任，他们努力支撑起的不仅仅是家庭的天空，还是他们自己的广阔天空，更是童话世界的美丽天空。

第二章 初识梦想笃定行走

1. 巴黎之行

1804年，萨维尼到许多城市作学术性的旅行。在巴黎的时候，他本来打算在国家图书馆工作一段时间，但不幸的是，他的箱子被偷了，恰恰那个箱子里装着他全部的笔记。虽然萨维尼贴了告示，答应给归还者相当丰厚的报酬，但是那并不奏效。

萨维尼没有留下别的什么东西，只能靠自己脑海中的一些记忆和巴黎各图书馆藏书的帮助了。因为这是个巨大的工程，所以萨维尼开始着手找助手了。搜寻了那么多人，发现也只有他最有才能的学生雅科布·格林能够帮助他。

1805年1月，萨维尼写了一封信到马尔堡，希望雅科布可以尽快来巴黎。

雅科布对于这个邀请感到非常意外，已经到了最后一个学期，他本来是准备在复活节通过考试，然后开始独立工作。萨维尼教授的建议使他动摇了，如果去巴黎，他将会住在萨维尼为其准备的房子里。雅科布也知道，在巴黎国家图书馆，他不仅可以摘抄法学论文，还有足够的时间在大量的手摘中寻找德国古代诗歌作品。

在接受萨维尼教授的建议之前，雅科布先给母亲和齐麦尔姨母写了信，请求她们同意他的这次出行。姨母没有反对，母亲虽然有很多的担心，但最终还是同意了。母亲一想到驿车要在严冬穿过深雪，便不觉地为儿子祈祷起来。

马车在梅因兹附近顺利过了莱茵河，随后经过沃尔姆斯、弗兰克塔尔、开泽尔斯劳捷伦和萨尔布吕肯向梅次前进。

雅科布像是回到了童年时代，欣喜地欣赏着大教堂。他还在旅行日记中写道："这是一座让人禁不住赞叹的教堂，是我见过的所有教堂里最美的一座。窗子非常高，并且镶着绘画玻璃，它的色调也极其纯正。"

1805年2月，雅科布顺利抵达巴黎，他把这个消息第一个告知母亲，母亲显得很高兴并且安了心。对母亲来说，雅科布去往巴黎的几个星期是那么的漫长。她时常会在夜里起床，看看窗外天气如何了。在回信中，母亲说宰了一头250磅的猪，做成特别粗特别美味的香肠，等待儿子归来吃。

哥哥离开后，留在马尔堡的威廉很长一段时间显得非常忧郁。他给哥哥的信里道出了自己的内心感受："当你离开之后，我觉得我的心好像被撕碎了一样。这使我非常受不了，你无法想象，你对我是多么的可贵。每当晚上我一个人坐在家里时，我总觉得，你或许会从屋里的某个角落冒出来……

"时间如白驹过隙，你已经离开14天了，毫不夸张地说，我的心依旧充满了血。虽然表面上看起来，我像是习惯了，但是内心里是完全不一样的。我想我需要很长时间来习惯一个人的生活。当我想到有一个广阔的世界展现在你面前时，我简直不知道该写些什么了。我只看到你在我身旁，看到你在房间里走来走去。"

雅科布与威廉那种血浓于水的感情，一般人是无法深切感受的。他们的生活、观点、命运完全不可分割，所以他们是作为格林兄弟进入文学界的。

雅科布从巴黎给弟弟回了一封感人而又温馨的信："我们永远不会再分开。如果我们中有一个人被打发到别的地方去，那么另一个人也要跟着他到那里去。我们都要珍视我们的手足之情。对我来说，离别无异于死亡。"

那时，雅科布每天都在认真而又勤奋地完成萨维尼给他的任务。除了周末，雅科布每天从上午十点到下午两点都在国家图书馆工作。他要仔细地核对法律原文，学习辨认旧的手抄文件并从手写资料和印刷资料中作摘录。

在萨维尼的住处他就把摘抄出来的文本同原文本加以对照，进行科学分析。在紧张而又繁杂的工作之余，雅科布还会研究古代德国文学。应威廉的要求，雅科布在国家图书馆约十六万份的手稿中寻找最古老、最值得研究的东西。

每个周末，在图书馆闭馆之后，雅科布会参观和了解法国首都。他满心虔诚地研究这座历史悠久的名城。在巴黎的街头，你可以看到不同种族的人在法国人中穿行：黑人、土耳其人甚至是希腊人。开始时这使雅科布感到惊讶，但是，在巴黎这样一个世界意义的城市居住久了，也就慢慢习惯了。

雅科布对周边那些千篇一律的建筑并没有很大的兴趣，真正吸引到他的是坐落在弗布尔·圣·日耳曼的卢森堡宫。画廊里有度勒、范·艾克、贝里尼的作品，还有鲁本斯的许多大幅油画。在意大利人中，他特别偏好替善，雅科布一直觉得他的《情人》是绝美的。

雅科布欣赏古希腊的雕刻品简直入了迷。他给弟弟威廉的信中曾写道："如果我再去那里的话，我想我将什么事也不做，只欣赏拉斐尔、拉奥孔和阿波罗的作品，并谦恭地向他们鞠躬致敬。"

无味而又庸俗的消遣和巴黎的那些娱乐活动与雅科布的风格是格格不入的。晚上如果出门的话，也只是和萨维尼一起去剧院。当时在巴黎有18所剧院，每天都会演出，但是很少更换演出的节目。

雅科布的法语掌握得很好，他可以对看过的戏剧做出自己的评价。他认为戏剧大都平淡无味，而悲剧又常常显得很可笑。他虽然喜欢高乃依和拉辛的悲剧，但有时候这些悲剧也令他感到枯燥无味。

他喜欢演员们精湛的演技，这在德国的舞台上基本没有。他反对观众在演员上场和下场的时候都报以热烈的掌声，因为这在某一层面上破坏了剧情的进行。当然观众花了钱理应得到某种东西。为了使观众得到更好的娱乐，当时每个剧院晚上会演出几个剧本，一般会持续四五个小时。

在巴黎，雅科布除了见见萨维尼和萨维尼的夫人外，很少见别人。这时，刚好雅科布的一位中学同学埃伦斯特·奥托·封·德尔·马利斯堡住在法国巴黎。他刚好被正式调到他叔叔那里暂时任职，他的叔叔是拿破仑政府的黑森公使。雅科布来巴黎之后，马利斯堡寄了一部法国悲剧作家的很好的作品给雅科布以示友好。

虽然雅科布在不断了解法国文学，但是他并没有忘记德国的诗人。1805年，魏玛古典作家席勒逝世了，雅科布在巴黎的一个杂志报道上看到这个消息，给威廉写信说："得到敬爱的席勒逝世的消息，我真的很震惊。"

几周之后，他给弟弟的信中表达了对另一位魏玛人的崇高的景仰之情："歌德是这样一个人，因为他，我们对上帝怀有无尽的感激之情，在我心中，他是可以和拉斐尔齐名的！"

将来的计划越来越清晰了。雅科布决定从巴黎回来以后就留在黑森，并在那里寻找一份工作。他把这个决定告诉了姨母齐麦尔，他想做老师。当然，只要这种工作不是从早忙到晚，并且留有时间从事科学活动，就会显得很不错。

雅科布一直坚定地认为，只有继续从事研究工作才是生活的意义所在。

他所追求的并不是多么舒适安逸的生活，而是能使他把日常工作同科研活动结合的理想生活。威廉一如既往地写信给哥哥，他很赞成哥哥的想法。他给哥哥的回信里说："你信中说我们应当永远在一起，这永远合乎我的愿望，因为我觉得，再没有人像你这样的爱我，而我，也一样诚挚而深情地爱着你。"

在这个时段，威廉始终保持着他们在马尔堡学生宿舍的良好习惯。宿舍里新添了一张书桌，也摆上了桂竹香花，似乎在等待某个人的归来，静静地期盼着。

很快，他们便开始讨论将来要共同居住的地方的问题。在巴黎的时候，雅科布就幻想卡塞尔可以提供给他们"简朴而僻静的生活"。兄弟二人便建议母亲卖掉施太诺的庄园，母亲也同意了。

1805年8月，雅科布还未从巴黎回来，母亲就搬到了卡塞尔，租住在马尔克特加谢大街集市胡同的一所住宅里面。姨母预先修好了宽敞的住宅，还买了许多需要的物品，就静候格林兄弟母亲的到来。

9月来临了，雅科布终于和萨维尼夫妇一起离开了巴黎。他特地路过马尔堡将弟弟威廉带上。雅科布同弟弟、母亲以及妹妹的会见非常的愉快与温馨。

一家人终于又团聚在一起！

2. 一路走来一路读

巴黎之行对雅科布通过大学考试以及结束大学学业有一些影响。威廉还需要学习一年，家里幼小的弟弟妹妹也都上了学。雅科布知道家庭的重担需要他来肩负，他要考虑自己的工作。

1805年至1806年的冬季，雅科布试图得到一个法官或者书记的职位，1月份，他担任了黑森军事委员会的秘书，薪金是300马克银币。

军事委员会秘书的工作是枯燥的。雅科布有些苦闷地回忆起巴黎的工作，想那里的古代手稿和他觉得有趣的研究工作。在这里，他不得不脱下在巴黎做的时髦的衣服，换上挺直而单调的军服。按照当时的习惯，雅科布还戴假发和涂发粉。

1806年的春天看似载着希望而来，5月，威廉将通过考试并等待委派职务。在空暇时间，兄弟俩就可以从事研究工作。对于两个年轻人来说，没有足够的财产而走这条道路是艰辛的。

1806年10月，事情看上去有了变化。法国军队的侵入使得黑森处于外国的统治之下，时间跟威廉开了一个不小的玩笑。威廉不能得到适合他的职务，雅科布又坚持工作了一段时间。

在黑森被占领之后，以前的军事委员会就变成部队供应委员会。雅科布因为法语说得很好，便不得不同法国占领局的代表进行大量的交涉谈判。即便他对他的工作有所留恋，但是因为不能接受和侵略者一起工作，便在1807年的夏天辞去了职务。

显然，做这个决定不是一件容易的事情，这意味着他们将失去赖以生存的费用。比起苟且生活，接受屈辱，雅科布的决定很正确。雅科布希望在卡塞尔的公共图书馆谋一个职位，但是这个希望很快也破灭了。

就这样，雅科布为谋取对家庭来说很重要的生活费奔波了近一年。而世事的变化人们永远无法预料。拿破仑的弟弟在卡塞尔过着花天酒地的奢侈生活，他奉行的原则是："明天照常寻欢作乐。"

这个时候的国家处在黑暗之中，大家对未来失去了信心。格林家又发生了一件令人悲恸欲绝的事情。

雅科布曾经写道："在告别充满痛苦和惊慌的1807年，迎来前途未测的新的一年之后，我们竟然经受了生命中再一次的沉重打击。

"1808年5月27日，我们亲爱的母亲离我们而去，她当时只有52岁，大家都很爱戴她。而她在弥留之际感到最不能自慰的却是站在她病床前的六个孩子，哪怕有一个孩子现在有物质上的保障也好。"

雅科布和威廉永远都不会忘了这一天。善良而又温和的母亲形象也将永远印在他们的记忆里。好像现在她就坐在桌前，将她那干枯却温暖的手伸向孩子们。有时她会翻阅自己喜欢的那部充满惊险的小说《葛兰底森》，偶尔也会看盖勒特的剧本《害羞的牧女》，曾经她还演过这个剧。

时间永远是最好的治愈药。无论是多大的不幸，都会成为过去的，而且人也不能长久地耽溺于悲伤之中。

23岁的雅科布作为长子，现在担负的不仅是父亲的责任，还有母亲的。他要好好照顾弟弟妹妹。这时雅科布在找一个稳定的工作，他认为除了自荐为维斯特伐利亚王国的新国王热罗姆效力之外，或许真的就没有别的方法了。

约翰·封·缪勒于1808年担任维斯特伐利亚教育部总长，他给了雅科布极大的帮助。他还特别指出了中古高地德语诗歌中《尼伯龙根之歌》的重大价值。如此看来，格林兄弟的兴趣还真的合乎他的喜好。

当时的卡塞尔城堡被叫作拿破仑堡的威廉堡，缪勒建议国王办公厅的秘书委托雅科布在那儿管理国王的私人图书馆。雅科布于1808年7月接受了这一职务。

法国人的心胸是很宽阔的，对他们来说，年轻的图书管理员只要有几篇公开发表的学术著作就可以了。

图书馆很大，占满了底层所有的房间。开始的薪金是2000法郎每个月，过了一段时间就增加到了3000法郎了。工作是轻松的。热罗姆和他的内侍官们很少来图书馆，雅科布有足够的空闲时间从事研究工作。

国王本人是个很快活的人，他对自己的图书管理员也很有礼貌。

1809年2月，国王任命雅科布为国务会议秘书，同时还兼任图书管理员。新的职务为雅科布提供了更好的条件，同时他的薪金也增加了1000法郎。家里的生活变得好起来。遗憾的是，母亲不能在这个时候同他们一起分享，而齐麦尔姨母为好转的生活感到愉悦。

这个时代当然不是平静如水的。雅科布的新主人都是外国人，因此他踏上的道路看上去不是那么平坦与可靠。雅科布也没有考虑要更换工作，他是全家的支柱。雅科布还差一点被官兵抓去当兵，这使他感到异常的不安。万幸的是抽签没有抽中他！

威廉还没有一份稳定的工作，这也使雅科布感到忧虑。威廉在学生时代就被疾病困扰，母亲的离开更使他病情加重。现在的他上几节楼梯就会呼吸急促。胸腔剧痛已经成为家常便饭，这使得威廉感到惊恐。显然，这样的健康状况已谈不上做任何工作。

1809年，威廉决定接受在哈勒疗养区的一个月的治疗，或许这会减轻他的病痛。3月底，马车经过魏玛到达奥尔施塔特。

在哈勒，威廉居住在哲学和博物学家亨利·斯泰芬斯的家里。列伊尔教授去拜访了他，他耐心地听威廉叙述病情。教授的表情和姿态给了威廉一种信心，这样的信心给予了病人痊愈的希望。教授对威廉进行全面的检查，得出的结论是：心脏的活动不是很正常，而且由于心脏的负担过重，跳动是很吃力的，这需要几个月的治疗。

教授要求威廉用浓草药浸液揉擦,并且用含有铁质和盐质的水治疗。他建议威廉最先要改变的是生活方式,要尽量远离紧张的工作,多到哈勒的郊外散散步。威廉很顺从地遵照教授的建议,无事便去爬赫比亨什太因山。欣赏河谷和山上河流的风光,尽情放松自己,将自己融入大自然当中。这样的生活方式使他的病情有了好转,他自己也感觉好了很多。

雅科布对弟弟的病感到不安,他对其他任何事的希望都没有像对弟弟尽快恢复来得强烈。他经常给威廉寄信,关心威廉在哈勒的状况,也不断鼓励弟弟,告诉他不要放弃任何充满希望的治疗机会。

哥哥的信给了威廉精神上很大的支持,使得他也更加安心地照医嘱去做。夜晚是威廉最难熬的时段,他总是陷入对往事的无尽回忆中。他总是恐惧入睡前的那段清醒,觉得"在寂静之中,久久不能入睡,感觉体内的血液在奇怪地跳动,似乎恐惧已经悄悄接近了心脏"。为了使威廉恢复睡眠,教授结合了浴疗和药疗。

在哈勒,威廉能够结识朋友的机会很少,所以他的熟人并不多。约翰·弗里德里希·莱哈尔德是个作曲家,他也是威廉为数不多的朋友之一。维斯特伐利亚王国建立后,莱哈尔德曾在卡塞尔担任了一段时间的宫廷乐队队长。他对威廉特别关心,威廉说,音乐家是一个"敏感与高尚合二为一的人"。在莱哈尔德的作品中,威廉最喜欢的是为歌德诗歌所谱的乐曲。

到了9月,治疗结束了,但是工作的事还很遥远。

雅科布依旧担任热罗姆的图书管理员。雅科布和所有德国人一样,对国家被占领感到深深的痛苦。就是在这个充满危险和痛苦的年代,很多人因为内心没有了希望和期许,变得麻木不仁。生活也犹如行尸走肉般。

格林兄弟在这个时候，开始慢慢实施巨大的文学计划，这一切是那么的英勇。

3. 在柏林探寻古典作品与浪漫主义

1805年，在海得尔堡，克列缅斯·布伦坦诺和阿西姆·封·阿尔尼姆在认真研究了近三百年来的书籍和手稿之后，毅然决定出版德国民间抒情诗歌集。

第一部《小男孩的神号》在1806年成功问世了。之后，格林兄弟还参与了它的增补工作。

1807年10月，布伦坦诺在给朋友阿尔尼姆的信中指出了与格林兄弟合作的重要性。

布伦坦诺写道："你与我在一起是非常必要的，你来吧，编写诗歌集的第二卷已经不能再拖延了。我希望你把你装诗歌的锦囊带来，我们一起从事这一工作将会特别顺利，甚至比在海得尔堡的时期还要好。这里有两位姓格林的朋友，他们经过两年坚持不懈的学习，已经是修养有素的人了。

"他们不但积累了大量的笔记，也掌握了大量的关于诗歌的知识。他们对浪漫主义诗歌的各个派别也是有所了解的。他们很谦虚，他们简直不懂得自己所拥有的是怎样宝贵的财富。他们所知道的作品比蒂克要多很多，他们抄写古诗所花费的功夫是非常感人的，他们很努力地付出。

"他们抄写了大量德国英雄的传说，由于贫困，他们无力购买这些手稿，只能够认真地逐字逐句抄写下来。他们的弟弟费尔季南德写一手漂亮的字，他将为我们抄写诗歌。兄弟仨经常分享他们所有的一切，这方面的东西是很多的。你将会喜欢上这些极好的人的，他们为了有朝一日能够写出一部好的德国诗歌史在默默而又全神贯注地劳动着。"

《小男孩的神号》的第二卷和第三卷是在格林兄弟的参与下完成编写的，并于1808年成功出版。

在威廉还在疗养区的时候，有一次，布伦坦诺来了，并以封·阿尔尼姆的名义邀请他一起去柏林。阿尔尼姆认为，既然威廉离柏林并不远，他就应该去访问。开始威廉还觉得疑惑，因为他才付了治疗的钱，身上只有18个塔列尔，但是布伦坦诺并不真的认为威廉是拮据的，威廉对此有点不开心。

布伦坦诺说，如果威廉不愿意白花他的钱，也可以记在将来的报酬下。威廉不想伤朋友的心，而且也不想轻易就放弃了在封·阿尔尼姆图书室这样安静的环境中工作的机会。

1809年9月，阿尔尼姆非常亲切且热情地接待了布伦坦诺和威廉。在柏林，他总是把自己的客人介绍给很多朋友，这样威廉认识了许多有意思的人。有精通古代德国文学的人、艺术家、作家，甚至是演员。

威廉同弗里德里希·封·德尔·哈根就《尼伯龙根之歌》的产生的问题进行了很长时间的争论。他们还经常到剧院去，威廉最感兴趣的就是歌德的《铁手骑士葛兹·封·贝利欣根》。

大城市使威廉有了很多不一样的感受。他写信给齐麦尔姨母说："柏林是我见过的最美丽的一座城市。同拥有很多宫殿的波茨坦一样的美。城堡很大而且都是富丽堂皇的，就像弗里德里希大帝所居住的圣苏西一样。在这些巨大的宫殿里面，除了自己的脚步声和说话声之外，听不到其他的声音。

"这里空寂无人，而且我甚至无法告诉你，在这里会感到多么的奇异与痛惜。这里的地势并不是很好，整个柏林是坐落在一块大的沙地平原上面的，在柏林的一边，还有一个被伐光的本来叫季加尔登的大树林，这里的景色还不错。"

威廉在柏林停留了几周，大部分时间都是在工作中度过的。威廉的工作室面对着庭院，工作室的窗子上还钉着格子。他坐在书籍当中，极力渴求研究这一切。他想给卡塞尔带回某种重要的东西，同时他也想向哥哥证明，他的柏林之行在文学方面是有很大收益的。

桌子上面，夹杂在厚厚的一堆书中还有一部工匠歌手歌曲集。

威廉对于朋友们研究的东西很感兴趣。布伦坦诺一直醉心于《念珠抒情歌曲》，阿尔尼姆完成了剧本《哈勒和耶路撒冷》的第一部。威廉觉得这是一部"散发着芳香和新鲜空气"的好作品。

在柏林，威廉工作得还算顺心，因为王宫仍然在哥尼斯堡，所以这个城市并没有宫廷那样的杂沓。威廉为了证明自己对于王室的忠诚，特意拜访了继位王妃，对她表示了非常诚挚的敬意。他很尊重她的智慧、教养以及信念。

威廉很喜欢这段在柏林的日子，这段逗留既有趣也有益。在这次旅行之后，格林兄弟与浪漫主义作家阿尔尼姆以及布伦坦诺的友谊更加坚固了。即使后来布伦坦诺与他们的关系变得疏远了，阿尔尼姆直到死还是信赖他们的。毕竟当时格林兄弟的创作兴趣同这两位有着共同点。

1809年11月，威廉在访问柏林之后，回到了卡塞尔。

天气已经转寒了，旅途并不轻松，从柏林到哈勒，马车第一次停脚。下一程是到魏玛，威廉又开始计算日子。现在已经是隆冬腊月，他就交换着坐敞篷和不带敞篷的车。

威廉在魏玛有两件重要的事情要做。第一件事是，他想对歌德表示敬意，他与哥哥一样，对歌德怀有非常深厚的敬意。还是学生的时候，威廉就已经非常敬重以及敬佩这位伟大的魏玛诗人了。还有一件事是，威廉想在魏玛以及离这不远的耶拿为哥哥找一找古代手稿。

12月11日，他在旅馆安顿好，换了衣服就立即请人带他到歌德的府上。他递交了阿尔尼姆的介绍信。但是歌德刚刚得过病还是感到不舒服，所以没有能够在这一天接待这位年轻而又热情的来访者。然而歌德考虑问题很周到，他为威廉提供了自己在剧院的包厢，这时候上演的是科采布的《小城市的居民》。

第二天，威廉应邀来到了歌德府上。或许歌德不仅从阿尔尼姆那里听闻格林兄弟，还从其他人那里听到他们有珍贵的收藏品以及拥有在古代德国文学方面的深厚知识。

仆人在前厅迎接了威廉，这里的壁笼里装饰有雕像和画像。他们沿着正面的宽敞的楼梯到了二楼，入口处的地板上还镶嵌有两个黑字"欢迎"。穿过一间墙上挂有很多幅画的房间，威廉被带领到了主人的书房。书房里有很多的画和木雕。

在歌德出来之前，威廉就在书房里稍稍等候了一会儿。歌德穿着黑色的衣服，还挂了两枚勋章，显得很庄重。

威廉向哥哥讲述这次的访问时说："我常常看他的肖像画，研究他的每一个小小的特征，但是使我感到惊讶的是他那庄严和完美的特征，淳朴和善的面孔。他亲切地请我坐下，然后就开始了很友好的交谈。"

歌德总是把年轻的客人看作是与自己平等的客人进行谈话。他们谈到了《尼伯龙根之歌》，谈到了北方诗歌，还谈到了伊达和威廉刚翻译的古代丹麦英雄诗歌。话题还涉及旧时代的德国散文，其中还包含《德国古代散文作品》。最令威廉感动的是，这样一位伟大人物竟如此满腔热情和风趣地与一个无名的年轻人进行谈话。

在短短一个小时的谈话中，歌德没有表现出一丝怠慢或者是骄傲，这使得他更加博得年轻人的好感。

第二天，威廉应邀去吃午饭，午餐从一点持续到四点。威廉写道："午餐令人感到非常愉悦，有鹅肝做的帕什捷特，还有兔肉以及其他的肉菜，歌德说了很多话，还不住地向我敬酒，他指着酒瓶子，有点呢喃地说，他经常喝酒，有很好的红酒……"

威廉多次拜访歌德，都得到了热情的招待。歌德对格林兄弟的研究工作表现出了特别的兴趣，并且帮助威廉得到了公爵图书馆里的好多手稿。

在魏玛，威廉不仅仅进行访问，为了寻找中世纪德国诗歌文献的资料，他还仔细翻遍了魏玛和耶拿的图书馆，以及查阅写在羊皮纸上的手稿，一页一页地翻阅，甚是敬业。在翻阅那些年代久远并且已经发黄的手抄文稿时，威廉就像是一个采金者。

威廉一生都将歌德视为很高的信仰，照他的话说，歌德"表现了人民全胜时期的性格"。

歌德也被格林兄弟的那种谦逊而又忘我的努力感动了。在威廉离开魏玛之后，歌德立即给雅科布写了信，并寄去了他所需要的手稿，在信里还写道："如果你能够在这几卷手稿中找到有趣的、具有重要意义的东西，把它译解并发表出来，我将非常高兴。大家会更加感激你，你在这种文学体裁方面建立了更大的功勋。"

需要说明的是，格林兄弟当时还没有出版过一本书，不过他们的文章已经吸引了人们的注意。当然，在歌德和格林兄弟之间建立更为密切的个人接触时，年龄上的差距已经很大了。

歌德已经发表了很多作品，他的声誉是很大的，而格林兄弟是处在刚刚准备发表作品的稚嫩时期。后来，格林兄弟多次将自己的书寄给歌德，希望继续得到他的关心。

在一生当中，歌德不仅是他们真诚的追随者，还是他们作品很好的读者。

格林兄弟虽然深深地扎根于浪漫主义，但是他们始终推崇歌德作品中所体现的古典精神，这也是他们永远相信的精神。

4. 在无人探索的道路上前行

1801年1月初，威廉在雅科布生日前回到了卡塞尔。

1813年3月，拿破仑帝国崩溃。

雅科布·格林依旧在威廉堡担任图书管理员。图书管理员的工作有时候也没有看上去的那么简单而又平庸，偶尔也会有些紧张。

有一次，需要使用那个藏有最珍贵图书的大厅。雅科布需要赶快把书柜清理出来，把那些珍贵的书卷都搬到黑暗的地下室去，还要保持书籍整齐有序。花了几个月才完成的工作转眼之间就被严重破坏了，许多珍贵的卷册就如此被堆成了一堆。

找一些需要的书籍显得非常困难了。值得庆幸的是，在付出了巨大而又艰辛的劳动之后，几千部最珍贵的书籍被从这场混乱中拯救了出来。他将那些书籍重新摆进卡塞尔城堡。这项工作最后也算是让雅科布好好松了一口气。

1811年11月，某天的夜间，城堡突然失火了，雅科布赶紧去抢救图书馆的书。即使被浓烟熏得差点喘不过气来，他还是坚持沿着墙根摸索前进，同来救援的士兵一起抢救了大部分的图书。

在以后的几天，雅科布考虑该如何把所有的书收集在一起。这之前，还补充了王后的私人图书馆。所有书都需要好好地加以整理了。

有一次，王后想读几本书，要把这一堆书清理出来，在短时间内很快地找到那几本书是不可能的。雅科布就像一个短工，干了整整一天一夜。由于这种不太好的情况，图书馆的确需要许多新的书柜，雅科布的整理与安排使图书馆又重新走上了正轨。

格林兄弟作为独特而又很杰出的学者，不允许自己利用第二手的资料，而必须是第一手的，所以他们一次次地去查找那些被遗忘和快要被抛弃的中世纪手稿。这些手稿就像远古的遗迹一样，在许多的图书馆书架上面蒙了灰，而它们却是格林兄弟心中的至宝。

威廉在1801年进行了"文学旅行"，他来到马尔堡大学的图书馆。在这里，他找到了珍贵的古日耳曼手抄文件。

雅科布不能如此自由地支配自己的时间，他便请求一些朋友帮忙。有一次，他请住在特里尔的一个朋友到寺院看看有没有古代德国诗歌的手稿。

在五年的时间里，格林兄弟紧张而又充实地工作，他们也发表了许多论文。在这之后，他们才开始考虑出版自己的书。

早在1811年，雅科布发表了《论古代德国的工匠歌》，威廉出版的是《古代丹麦英雄诗歌》的翻译作品。

虽然格林兄弟在工作上面是协同一致的，但他们也都具有自己独特的个性。这样的个性不仅表现在性格上面，还表现在研究方法上。雅科布善于分析，威廉则具有更多的艺术禀赋。

当时，人们很少了解北方各国的诗歌。威廉想人们能对此感兴趣，他曾写道："荷马的太阳把自己的光辉洒到了这些冰山上面，把自己的宝石藏到了碧绿的山谷……在我看来，这些都是令人惊奇的充满魅力的史诗——曾经在人们的心灵中产生的具有深刻内在的诗。"

威廉也是一位出色的诗人和翻译家。他写给《古代丹麦英雄诗歌》的序言的结尾是："瑞士有一个关于老人的韵文故事，这个老人坐在海底，周围满是音乐，永生不死，并为爱尔菲的舞蹈用竖琴伴奏；孩子们来到岸边，看到他独自一人，他能唤起孩子们唱歌的意愿。那么现在就让这些诗歌也唤起你们同样的意愿吧！"

威廉把《古代丹麦英雄诗歌》寄给了歌德，歌德给了威廉一封热情洋溢的回信，他对威廉说，他非常珍视斯堪的纳维亚的古代诗歌。因为威廉在北方古代各民族的诗歌中发现了许多至今人们还不知道的珍贵的东西，并且由于他的成功安排，许多分散的作品被整编成一部完整的书。威廉的作品也得到了斯堪的纳维亚主要学者的好评。

格林兄弟就是这样带着自己的处女作满怀信心地跨入了学术界和文学界。每一本书的出版并不是一件简单的事，他们要做很细致的准备工作。他们的合作很密切，很多书他们便直接署名"格林兄弟"。就是这样，他们被越来越多的读者所认识。

1812年，他们出版了《尼伯龙根之歌》（8世纪末）和《维索勃隆的祈祷》（9世纪初），这两部杰出的作品都是中世纪前期的史诗。

《希尔德布兰特之歌》曾保存在卡塞尔，《维索勃隆的祈祷》则保存在慕尼黑，这两部作品之前就已经被大家所熟知了。但是格林兄弟注意到，这两部作品并不是散文，而是从日耳曼诗歌的远古时代就流传下来了，只是用同音法诗句写成的珍贵诗作。

1811年，格林兄弟得到了《伊达》这部还没有发表过的作品，他们想将其发表。威廉说这是一部令人心醉的作品，它们是"古代斯堪的纳维亚文学出色的瑰宝"。在给歌德的信中，威廉赞叹道："在我看来，这些歌有力道、宏伟，我想它是某一民族留给我们的美好财富，它是严格而又高尚的文体时代的最美的作品。"

在谈到出版《伊达》这部书的必要性的时候，格林兄弟引用了歌德的话。

歌德在《关于颜色的学说》里曾指出："如果我们认真地看看我们曾经的某一个时代、国家或是地区的发展状况，那么我们就会看到，从黑暗的过去向我们迎面而来的都是一个个光辉的形象。

"他们是积极、完美、勇敢、漂亮而又善良的人们。神献给人类的赞歌从来没有停息，所以当我们感觉所有时代和国家时而以合唱的形式，时而以赋格曲的形式，时而又以美妙的、洪亮的歌唱形式发出的和谐声音时，我们自己也会感到极大的幸福。"

《伊达》这部著作于1815年问世了。《可怜的亨利希》和《伊达》一起，在这一年出版。

在1813年莱比锡大会战之前，格林兄弟决定创办《古代德国森林》杂志。他们想继续研究古老的德国诗歌以及相关的文献，包括过去几个世纪的语言和风俗习惯。

多年来，格林兄弟积累了大量的资料，他们很想向人们介绍《帕尔齐法尔》和《尼伯龙根之歌》。他们说："如果有一天，我国古老的特别而又宝贵的诗歌财富能够得到承认，那么这将是一个不小的成就。"

格林将方向转了过去，但是他们一直强调，他们并不是为了过去而研究过去，而是希望这些宝贵的财富能有益于当代。

他们写道："我们重视现代优越的政权，而古代应当为它服务，这如同过去伟大的人物不能够被称为'死人'是一样的。因为他们经常活在我们的记忆之中，并且我们也想念他们。如果谁能够对这种生活态度提出异议，那么他便是轻视历史的教训。

"这些古老的诗歌就像是大海中不可达到的孤岛，在那里太阳白白浪费了自己的光亮，鸟儿的啼叫都是发不出声音的。"

格林兄弟不断地发表一些古老的手稿和学术论文，想借此把沉睡几个世纪的作品唤醒，使得无声无息地被埋没在僻静的角落里的古代智慧焕发出生机。

他们感到不安和难过的是，连年的战争使古代的手稿受到损失，许多的手稿可能都遗失了。因此读者就无从知道那些过去闪着光亮的伟大文献了。

格林兄弟在《古代德国森林》第一期的创刊词中写道："搜集和出版这些手稿之所以很必要，是因为在混乱时代保留下来的某些手稿并不完全可靠，过去的风俗习惯消失了，变化了，失去了本来的面目。

"把方言的独特性和作品的各种不同版本保存下来对于语言和文学史来说是具有很重大的意义的。因为有无数的人使用这种语言，通过这些人才把优秀的古代文献流传到我们这个时代。"

格林兄弟想要保持古代传说的纯粹性，并且希望它能够被更多的人所认识。这样的愿望得到了很多同道人的支持，包括别涅克和多增这样的专家，他们也为这个杂志写了很多文章，当然大部分的文章还是由格林兄弟本人写的。

在"共同搜集古代日耳曼诗歌作品"的基础上进行的语言文学研究的成果，大大丰富了这门刚刚诞生的日耳曼学。

1813年，《古代德国森林》出版了创号刊。1815年以及1816年又出版了之后的两期。这对格林兄弟来说已经算是很大的成果了。

格林兄弟若能沿着这条道路一直坚持走下去，那么他们就会作为日耳曼学家中的两个奠基人而进入科学史册。但是他们并不满足于此，在他们研究语言问题的时候，便开始搜集童话和传说了。

两位年轻的学者就这样开始了他们的童话传奇。

第三章　离童话越来越近

1. 走在童话的小径

威廉与雅科布从1806年就开始搜集童话集，并整合成第一卷，该书于1812年出版。1806年的时候，拿破仑还统治着德国的土地，也就是在这个兵荒马乱的时代，格林兄弟发现了某种比震惊世界的大炮还要有力的东西。

格林兄弟的两位朋友阿尔尼姆和布伦坦诺同格林兄弟一样，在为后代恢复和保留过去的童话、传说和诗歌类的伟大遗产而奋斗。阿尔尼姆当时已经向社会人士提出了请求：在搜集民歌的同时不要忘记口头的传说和童话。

浪漫主义艺术家菲利普·奥托·伦格积极响应了这个号召，他把大量的童话寄到了海得尔堡，其中有一篇童话，阿尔尼姆还发表在了自己办的《隐居者报》上面。

出版童话集已经到了万事俱备只欠东风的关头，他们需要的只是学者们的细心和耐心的劳动。仔细地对待普通的口头语言，做好记录，把它很好地翻译成文字，然后传达给更多的读者。

科学研究工作需要的是图书馆里的手抄或是铅印的资料，而童话的情况就完全不一样了，它需要更多的劳动，需要点点滴滴地去民间搜集，搜集那些交相传送的宝贵资料。

格林兄弟开始着手搜集童话集的第二卷了。

威廉后来说："我们唯一的来源就是口头童话和传说，这样的童话和传说还真不少，我们顺利地搜集了将近60篇有趣的作品。我们也希望发表一些完全没人知道的东西。"

他们最先搜集的是存在于黑森地区的丰富资料。

卡塞尔有一间药房,是格林家的邻居维利德家的。维利德先生有一座很坚固的房子,房子的楼层也挺多,很多个走廊、楼梯以及弯曲的建筑物构成了他家的稀奇古怪的迷宫样式。

维利德先生有六个女儿和一个儿子,他是一个有钱人,在卡塞尔的郊区有很多土地和花园。格林家与维利德家的关系一直很友好。

维利德夫人很会讲童话故事,她讲的童话短小而又有趣。她坐在威廉的对面,给他讲虱子和跳蚤的故事。

"虱子和跳蚤一起料理家务,他们在鸡蛋壳里烧啤酒。突然,不幸的事发生了,虱子掉进了鸡蛋壳里面,烫伤了自己,这时跳蚤就开始大声地又喊又哭……"

维利德的女儿们也知道很多的童话故事,特别是格列特亨和多尔特亨。那时的多尔特亨还是一个年轻、纯真的小姑娘。她和威廉在花园或是温室里见面的时候,总是喜欢给他讲她在家里听到的童话故事。

不知道当时的多尔特亨是否预感到,她将命中注定同威廉幸福地度完自己的一生。她脑袋里那么多的故事不仅仅是从维利德太太那里听来的,有些还是从她家的女管家那里听来的。

女管家是一个60多岁的女人,大家都称呼她"玛丽娅奶奶",在她出生的地方,流传着很多的童话。这些童话大都以原始的形式世世代代流传了下来。玛丽娅奶奶的记性还不错,她很乐意讲一些童话故事给格林兄弟听。

部分童话故事被编进了童话集的第一卷,像《和指头一样小的男孩》、《小弟弟和小姐姐》、《没有手的女孩》、《小红帽》和《睡美人》都是玛丽娅奶奶讲的。这些故事经过格林兄弟的整理,传遍了全世界。

每次想起玛丽娅奶奶，耳边就会听到："从前有一个非常非常可爱的小女孩，只要见过她的人都很喜欢她，不过最喜欢她的是奶奶。她总是想着要给孙女再做个什么东西才好。有一天，奶奶送给她一顶红色的天鹅绒帽子，她很喜欢，戴着也非常合适，她简直不愿意再戴别的帽子了。所以大家都愿意叫她'小红帽'……"

这位老人所拥有的是多么宝贵的财富啊！在药房主人家里，她整天操劳，只有到了晚上才会有些空闲继续讲她肚子里的关于王子的故事。

"这个王子过了100年，在一个带刺篱笆里面的某个灌木丛中找到了一条通向沉睡的美女的道路。

"他继续走，走啊走，到处都是内侍官，再远的地方睡的是国王与王后。这里非常的安静，静得只能听到自己的呼吸声。最后，他走进一座古老的塔楼，这里躺着一位沉睡的美丽女子。她的美丽惊艳了王子，他情不自禁地弯下身子，吻了她，就在这个时候，这位美丽的公主竟然醒来了……"

这是朴实的玛丽娅奶奶所讲的第一个关于忠诚和爱情的童话故事。这种爱情总是很温柔，同时也需要勇气。它作为格林童话一直流传到今天，人们已经读了一百多年，它所受到的褒奖是无法用语言道尽的。

童话集第一卷的有些童话也是格林兄弟在哈谢尼弗卢格家里听到的，更准确地说是从阿玛尼娅和扎涅塔姐妹那里听到的。她们的父亲是卡塞尔的一个高级政府官员，她们的兄弟路德维希后来娶了格林兄弟的妹妹洛塔。

阿玛尼娅是一个聪明且漂亮的女孩，扎涅塔则是个可爱的女孩。格林兄弟从姐妹俩那里记下的故事有《有三根金头发的鬼》、

《穿皮靴的公猫》和《德罗兹多鲍罗德国王》等。

萨维尼家的保姆也愿意将故事讲给格林兄弟听。

格林兄弟与一个"马尔堡说书女人"还有点特别的故事。

最初知道这个女人,是从布伦坦诺那里得到的消息。知道她住在马尔堡医院里面,她有满肚子的童话故事。布伦坦诺说他曾经从她那里听到过不少,只是许多童话随着时间的流逝大都记不清了。

1809年,因为格林兄弟的妹妹洛塔有机会去马尔堡,他们便决定让妹妹去打听清楚这个女人的情况。

洛塔在马尔堡待了几个星期,可是没有收获。感到失落的雅科布给当时在哈勒的弟弟写信说:"洛塔周五就回来了,童话故事的事也完全落了空。洛塔曾经热情地邀请这个女人,但是,她第一天说需要集中精力想一想,第二天又说,她什么也想不起来了,最后真的没有办法了。为了同这个女人再好好谈谈,派谁去好一些呢?"

从这些话,我们能看出雅科布的失望。失望中又有倔强的坚持。

1810年,为了好好与这个女人交谈交谈,同时也是劝她改变主意,威廉亲自来到马尔堡。他默默等待她的到来,可是总是白费时间,因为她不相信会有成年人愿意听她讲童话故事。她觉得,如果她去给有学问的人讲自己的那些不可信的只是哄小孩的故事,别人是会嘲笑她的。

关于格林兄弟想把这些童话故事搜集起来的想法,她以前是想都没想过。她还担心医院里面其他的妇女嘲笑或是挖苦她,所以总是不愿意面对威廉。而威廉也算是费尽心力,才拐弯抹角地从她嘴里探出了两个童话。

医院的院长想了一个不一样的办法。他请求这个女人给他的孩子讲几个童话，而这个女人是不忍心拒绝孩子们的。之后，院长再让孩子们把童话故事讲给他听，他用笔记下来后，再转交给威廉。真是非常艰难。

这也再次说明，搜集民间口头创作是一个非常困难的过程。故事没有现成地放在书架上，而知道这些童话故事的人也不是随处可见的。为了找到这些珍贵的故事，格林兄弟必须付出更多的耐心和毅力。同时他们也必须具有很好的洞察力和不减的热情。

格林兄弟经常请教老人，因为老人历经沧桑，脑中有许多真正的民间故事。丰富的故事量使得他们能够将真正的童话故事和假的童话故事分辨开来。

作为真正的研究者，他们的工作不仅仅局限于搜集和编写。一方面，他们要保留童话本来的故事情节，不破坏它的总体体系、结构和主人公的语言特色，要知道，一个人的性格大都是从语言上表现出来的；另一方面他们赋予童话以自己的语言形式。他们找到了一种热情而又简朴大方的独特语言风格。

格林兄弟并不是逐字逐句、机械式地将讲故事人的话照搬，他们最想要的是以自己的特色，将故事的纯洁性和其中的意义与精神表达出来。

格林兄弟与布伦坦诺是不一样的。布伦坦诺轻率地对待童话的情节，他喜欢根据艺术人物来改编童话的情节。

当然格林兄弟两人之间也存在着一些不合的意见。雅科布更多地倾向于科学的可靠性，作为一个出版人，他在涉及自己的方向和原则时，写道："对于我来说，加工和修改这些作品，永远有一种不舒服的感觉。之所以要这样，是因为对我们的时代而言，做这种工作就是为了错误地理解其必要性。而对于研究诗歌的人来说，这种工作将永远是一个令人遗憾的障碍。"

跟雅科布不一样的是，威廉具有更多的浪漫主义色彩。威廉主张进行艺术和诗意的修改，雅科布也坚持自己的观点，不轻易让步。因为两人都承认珍重历史的必要性，所以他们才一致按照语言规范进行加工，使得童话故事重新放出自己全部优美的光辉。

雅科布的准确性与严肃性同威廉的形式优美得到了完美的结合，这是难以替代的创造性。

1812年，在紧张劳动了六年之后，他们搜集的资料终于能够整合成一部书了。阿尔尼姆访问了他们，还给了他们很大的支持，并鼓励他们出书。威廉之后写道："阿尔尼姆在我的卡塞尔的家中待了几个星期，正是他鼓励我们出版这本书的！他说，我们不能拖延这件事，因为事情会被追求完美而虚耗。"

阿尔尼姆同出版社取得了联系，9月底，格林兄弟将手稿寄给了出版社，这本书计划在圣诞节之前出版。拉伊麦尔答应说，只要这书卖出一定的数量，就付酬金。

当时格林兄弟还不能够幻想出第二版，他们谦虚同时也深信，他们编出了一本很有益的书。

1812年圣诞节前不久，雅科布拿到了刚刚出版的《儿童和家庭童话集》，当然，阿尔尼姆也收到了一本，这是给他的小儿子的。阿尔尼姆以感激的心情写了一封回信说："刚刚翻阅了一遍你们的童话集，书印得不错，装帧很好，喷金切边，暂且藏在萨维尼那里，以便在圣诞节交给他们。我代表我的儿子向你们表示极大的谢意，这本书非常好，一定可以销售一空的。"

从这个时候起，与其他圣诞礼物相比，这本童话集每年不仅使得儿童们开心，也使得大人们感到欣慰。直到今天，这本童话集已被全球周知。人们都知道它，喜爱它，并且阅读它。

在书的序言中，格林兄弟详细说明了这部书的意义："当暴风雨或是上帝降临的其他灾难毁坏了所有庄稼的时候，只要在田界旁哪怕只有一小块空地没有被损坏，而且在这里只有几棵谷穗，我们都要认为这是幸运的。

"只要阳光开始照耀，它们就会慢慢地、不知不觉地生长起来，而且为了装满谷仓，不会有一把镰刀提前收割它们。到了夏末，当它们灌浆、成熟的时候，人们那温柔而又灵敏的手才会接近它们，一个穗一个穗地将它们收割下来，整齐地将它们捆起来，再小心地运回家中。它们将要成为整个漫长冬季的食物。人们会留下以后播种所必需的种子。

"我们也是这样，在我们整理古代德国诗歌的财富时看到，在这一巨大的财富中，任何东西都没有保留下来，甚至人们都忘记了它们，而留下来的只有民歌和这些朴素的家庭童话。

"炉子后边的地方，沉静的草地和原野，最开始的便是想象力，就像一排排篱笆，它们保护了那些民谣和童话，并且把它们一代一代传下去……"

格林兄弟知道，每个时代的民族都拥有很多的童话，这些故事也不仅仅传播于欧洲，还传播于像非洲这样不算发达的地区。

人们用形象而生动的语言来描述童话，童话是露珠蒙住一切生命的那个永恒源泉，甚至只是树上最小的树叶所拖住的水滴，也能够在朝霞的光线中折射出绚烂的彩虹色。

格林兄弟用自己的童话集为人们打开了一个民族美好而又珍贵的盒子，他们在最后的结束语中说："我们要把这部书交到好心人的手里，并且考虑到他们具有伟大而善良的力量，我们还希望，这部书不要有一鳞半爪落到软弱的人们手里。"

2. 第二次巴黎之行

　　1813年过去了。在这之前的莫斯科大火已经预示了拿破仑的失败，但这不完全代表他的星球就如此陨落了。春天，拿破仑在格罗斯郭尔琛和包岑的附近重新获得了胜利。

　　格林兄弟已经学会了冷静而沉着地看待外部事件，他们把每天的工作作为必要的任务来完成，并且笃定这种创作的一贯性具有深刻的意义。

　　下一步的战斗进程还不太明晰，威廉写信给他青年时代的朋友帕乌利·维甘德说："我们好像是行踪不定的人，既经历过一次又一次的大暴雨，也经历过许多艳阳天。当乌云遮住群山的时候，我们依旧相信，太阳会照耀在群山的上空，而太阳什么时候升起，这取决于神的意志。我们需要的是，继续工作，而且这一生中，没有比我们的工作更好的工作了。"

　　当联军把法国人逼退到西方时，维斯特伐利亚王国已经岌岌可危。

　　在9月底的一天，一个俄国将军带着哥萨克冲进了卡塞尔，拿破仑的弟弟热罗姆仓皇逃跑了。俄国人一离开，热罗姆就带着援军返回来，他认为自己还没有把所有的东西都丢弃。可是很快，国王就感觉到，他已经不能在这里久留，于是决定把艺术珍品和一些宝物带走。

　　雅科布作为热罗姆国王的图书管理员，接到命令说："把在卡塞尔和威廉堡的最珍贵的书籍包装好，等待运回法国。"

办公室秘书勃柳基尔是个有学问的人，雅科布同他一起来到威廉堡，他们企图为黑森抢救一部分的图书，但是命令很严厉，谁都不能不执行。不过命令中可没有说也要包装手稿，手稿是非常珍贵的，它关系到黑森的历史，而且热罗姆对它也不感兴趣。这样，其他书籍包装好后，都运到了巴黎，手稿留了下来。

直到1814年，联军胜利后，那些被运走的书籍才重新回到了卡塞尔。

在1813年12月6日雅科布向国君递交了呈文："我很愿意在现在的情形下为祖国在外交舞台上效力，经过努力地学习历史，我为此做的准备也算是充足，现在我毛遂自荐，请求殿下仁慈地赐予我外交代表团秘书一职。"

12月13日，雅科布被任命为外交代表团秘书。

几天之后，雅科布便开始了他的任务。他需要陪同黑森公使克列尔伯爵到联军的大本营去，时间很少，他放下了个人的事情，全身心地走入了一个对他来说全新的天地。

威廉和洛塔还留在卡塞尔的家中，两个弟弟志愿参加了反法的战争。

拿破仑拒绝接受保证莱茵河边界和平的建议，之后，联军发动了进攻。大部分军队在巴塞尔附近强渡了莱茵河，三个月后，胜利的部队已经推进到了巴黎的门口。

1814年3月31日，联军进入了巴黎，4月6日拿破仑在丰坦布洛宣布退位。5月30日，拿破仑在巴黎签订了第一个和平条约，恢复了1792年的法国边界，那是拿破仑时代前的边界，一切又像是回到最初。

雅科布在这段时间是如何行走的呢？

1813年除夕夜，雅科布从卡塞尔抵达了马尔堡，他看到了自己大学时代非常熟悉的老胡同，这些老胡同现在都有了路灯。路灯忽明忽暗，恍惚中映出了那时的难忘时光。

抵达旅馆时已经是半夜了，周围的人们都沉浸在无限的欢乐之中，绚烂的礼花迎来了1814年。人们也在心中默默期许，这会是幸福的一年。

雅科布在下一站法兰克福拜访了布伦坦诺一家。在旅馆中，雅科布是同俄国人、普鲁士人以及奥地利人住在一起的。人们在一起总是喜欢讨论各种政治和军事事件，气氛很是热烈。

最后雅科布到达了海得尔堡。他对这座城市也有着不一样的印象，他喜欢它的魅力。

雅科布参观了修尔皮斯·巴乌谢尔的艺术珍藏品，他还去了图书馆，参观了不久前得到的珍贵赠书。他在这些图书中还发现了北欧史诗，这对他和威廉的研究工作是有帮助的。

这次的西行，雅科布一方面完成了作为外交代表团秘书的使命，另一方面注意到了文学和艺术，这些在和平年代会成为他们研究对象的珍贵东西。

在1、2月份的寒冬日子里，雅科布与公使一起坐着马车行走在异乡的土地上，那是外国的土地，有着外国的气息，离家久远的陌生气息。这样的外交旅行并不是没有危险性的，在军队缓慢接近巴黎的时候，他们多次目睹了关乎历史的事件，这些事件在时间的河流里变得灰暗而陈旧。

抵达法国后，雅科布总会抽时间去图书馆，在大量的手稿中细细找寻珍贵的资料，他一直都笃信，这些资料总有一天会显现它们的独特价值。

1814年2月，雅科布从朗格尔写了一封信说："当地本来就很贫困，后来又不停地被路过的士兵劫掠，真是雪上加霜……"还有一封信中如此写道："刚才来了许多俘虏，他们大都是年幼的孩子。天气异常寒冷，看到他们受冻挨饿的样子，心里真的觉得很难过。在巴尔和特鲁瓦，贫穷的场景真的是非常可怕。大部分的村庄都空了……"

雅科布慢慢厌倦了这种遥遥无期的行程，有时候，他还不得不为一些小事忙活，所以他的精力并不能很好地集中在重要的工作上面。两个弟弟参加了远征，这也时常使他感到不安。犹如所有因为战争而脱离正常轨道的人，他渴望和平的愿望也越来越强烈。

这些日子，威廉也有着同样的渴求，他给著名的日耳曼学家格奥尔格·弗里德里希·别涅克写信说："除了天国之外，其他的一切我们都能够得到，我们需要的是着手搞我们的经济，以弥补战争期间所荒废的东西。"

在前往巴黎的最后一段行程中，战争造成的可怕的阴影一直伴随着雅科布。

他给弟弟的信中如此说："在这一路上，对我来说最可怕的就是许多从地下挖出的一具具尸体，他们直挺挺地躺在那里。我还记得其中一个赤身裸体，伸直双手，就像是木乃伊，行人从旁边路过连一把土都不撒上去。在荷马的作品里，战斗之后都要把死去的人烧掉，骨灰都要干干净净收起来，随身带着。死者的亲人们以为他们还活着，亲人们也无从知道那种死亡的情况是多么可怕。"

1814年4月的一天，雅科布终于到达了巴黎。想起上次来巴黎为自己的老师萨维尼工作，已经过去九年了。时间真的如白驹过隙，青春的路也越走越远。

现在的雅科布肩负着不一样的使命，来巴黎不久，他听到了自己的弟弟卡尔和路德维希还活着，很是欣喜。

外交代表团的职务并没有占去雅科布很多的时间，所以他可以把他的空闲时间都用在图书馆里。这一次，他无意间发现了瓦尔特的手稿，这里有一篇过去没人知道的语言和几篇关于动物叙事诗的手稿。

关于动物的童话，比如关于狼和狐狸的伤感抒情诗，这首诗是用拉丁文写的，他曾经研究过，所以算是如鱼得水。当然，与今天的学者大不相同，他们有条件拍摄原始材料，而雅科布必须一行一行地抄写下来。

在巴黎停留的时间毕竟有限，雅科布加紧抄写，在三个礼拜里面，他一共抄写了将近七千首诗。当然一切看上去并不是那么的简单，机械式地抄写而不思考是不合适的，雅科布还深入了解了那些诗人的笔迹。

1814年5月30日，合约终于被签订了，雅科布也可以离开巴黎了。同时，维也纳正在进行"维也纳会议"的准备工作，雅科布和黑森代表团是应当参加这一工作的。由于会议的开幕时间推迟了几日，雅科布便有了点儿时间回故乡卡塞尔一趟了。

1814年7月初，雅科布回到了故乡卡塞尔，并且很好地调节了一下。年初的时候，卡塞尔图书馆的第二图书管理员的位置空了下来，威廉便递交了一个呈文。他那时才28岁，在学术界却颇有名气了。当然，他得先从秘书做起，得到的也是低薪俸。

威廉按照规定在就职宣誓后拜谒了侯爵。

每天工作的时间，威廉都在图书馆检查所有藏书并登记收到的图书和编制目录，当然工作量不算小。因为威廉的性格特别随和，他和同事们相处得很好。

威廉下班回家就编写童话集的第二卷，搜集这一卷材料的速度比第一卷要快很多。同时，威廉还在与出版商和印刷厂交涉《老伊达》的出版事宜。

威廉也要操心迁入新居的问题。他希望雅科布从巴黎回来之后，能够在新居看到过去熟悉的环境并且能够安静地工作。

威廉想搬家也是有原因的，第一是，在城市中心都是旧房子和狭窄的小街道，失火的危险性比较大，他们对书籍和搜集来的手稿的安全性很是担忧，多年的辛苦劳动很可能毁于一旦；第二是，用相同的钱在新市区里能够租到整层的房子，并且从房子里可以尽情眺望花园和山景。

他们同旧房子分手也是恋恋不舍的，这是他们和母亲生活过，也是母亲最后去世的地方。最后，威廉堡林荫道房子里的一切都布置稳妥了。威廉像女人那样细心，他把新居创造成了一个非常舒适的环境。

雅科布从巴黎回来时已经搬到新居了，这里的一切都做好了迎接他的准备。离动身去维也纳还有一段时间，雅科布很开心和亲爱的弟弟妹妹团聚。

无论在外如何漂泊，家永远是内心深处最温暖的港湾。

3. 维也纳会议期间

1814年的秋天越来越近了，雅科布不舍地离开卡塞尔，离开他们的新居。德意志的许多小国家也希望出席会议，雅科布作为黑森侯爵的外交代表团的秘书来到了维也纳。

雅科布从1814年9月底一直到1815年6月都是待在维也纳。这座城市连同郊区还是很大的，这给了他深刻的印象。他和候爵被安排住在远离市区的郊外，而会议是在市中心召开的，这样，他们在路上就要花上更多的时间了。

在外交舞台上，雅科布也只是一个很不起眼的配角一样的小人物，但是他以极大的兴趣注视着会议工作的进行。会议主要是决定拿破仑失败后欧洲的新安排。

出席会议的除了签订巴黎和约的欧洲强国代表外，还有很多其他国家的外交官。这是一个看上去很复杂的团体。

关于会议的情况，雅科布写道："在允许我们参加会议之前，先由大国之间进行商定，所以现在的全部工作就是听消息。这里有足够的休息日和演出，如果知道会议一切顺利，那么就可以轻松地休息和观看演出了。虽然我也有票，但是我今天没有参加为上万名客人举办的舞会。"

雅科布对于达官贵人以及他们的仆人所玩弄的手段和阴谋诡计是不感兴趣的。他在给威廉的一封信里写道："关于会议的情况真没什么好说的，因为：1.暂时没有任何事情发生；2.如果真发生什么事，那也是秘密的，小心翼翼的，悄无声息的，好像我们就没有碰到伟大的时代一样。任何问题都需要事先讨论，而且一个接一个，这些问题也越来越混乱，而我们的需求是很清楚的。

"坦白说，如果让一个天真的小孩子发言，他也会找出正确的答案的，而那些身居高位又对政治一窍不通的大人物说了很多的废话。"

雅科布在信中也表达了他内心的愤怒，他对这种政治游戏和卑鄙的阴谋非常不满。他迫切地希望在拿破仑时代之后，许多问题的解决能采取更为豁达的态度。

在维也纳，他要违背自己的意志穿上燕尾服和皮靴，他感到这是一种沉重的负担。他惋惜那些浪费的时间，贪婪而又夸夸其谈的使者生活使他感到很是苦恼。外交的工作渐渐使他产生了厌恶感。

他在3个月后，即1814年12月底，写道："1个月，2个月……只好如此，但是不能再继续下去了。为了不危及我的未来，我希望能以一种较好的方式摆脱这个处境，因此我想等到会议结束。"还有一件事是明晰的，那就是，他必须隐忍，才能不辜负侯爵的好意。

拿破仑离开了厄尔巴岛，回到了法国，并且重新掌握了国家权力，他很快就开始了第二次称帝。这次的称帝只延续了100天，一直到滑铁卢战役为止。这次他被放逐到了圣赫勒拿岛。

会议还在继续进行。

雅科布希望运用自己的知识对会议做出某种有益的工作。约瑟夫·格奥佩斯办了《莱茵水星》报，雅科布为该报写了许多文章，阐述了自己对于某些问题的观点。

但是雅科布不得不承认这类努力是无济于事的，他说："这种生活和这类工作真是非常荒谬并且没有任何意义。它们像打没有穗的稻秸一样，明知道没有穗，却还是拿起同样的、新的稻捆，勇敢地打起来。"

雅科布同样考虑了与会的某些著名人物的态度。他称麦捷儿尼赫公爵是一个"精明的，用法语说就是老练的国务活动家，他对待奥地利的态度很好，可是把德国放到了第二位"。

在他眼里，加尔金别尔格公爵以"坚定、沉着和泰然自若的态度代表着普鲁士的利益"；他认为威廉·封·古姆鲍利德是一位"很有学问的人"；施泰因大臣的特点是"对于德国具有纯正的愿望，进取心强，并且令人尊重"。

雅科布遗憾地发现，在这里，即维也纳，人们好像忘记了"胜利和得救应该归功于谁"。

雅科布作为外交代表团的秘书不得不起草许多不需要的文件。

即便如此，他也抽时间去了图书馆，抄写了中世纪诗集《沃尔弗基特里希》的一部分。

对于雅科布来说，维也纳时期是卓有成效的。其中最重要的便是，他能够在这里出版他的《神秘的道路和神秘的柱子》一书以及西班牙的古代抒情诗集。

这时候的威廉在一个人继续编辑《古代德国森林》杂志，校对《老伊达》和《可怜的亨利希》这项需要极大的细心与耐心的工作也由他承担了。威廉的努力也得到了雅科布的褒奖。他们的书一本接一本地出版，格林兄弟的名气在文坛也越来越响了。

1815年4月，齐麦尔姨母逝世了。在格林兄弟的中学和大学时代，姨母为他们做了很多的事情，他们也很爱戴她。格林兄弟听到这个消息十分的悲痛，母亲去世时的悲痛又涌上心头了。

最亲的人相继离去，雅科布也是在这时下定了决心，他要摆脱黑森外交代表团无益的秘书事务，而只从事他认为重要的工作。

雅科布曾上书侯爵，请求在维也纳会议之后免除他的外交代表团秘书的职务。

1815年6月底，这次漫长的会议终于结束了。奥地利收回了最近几十年失去的大片土地。普鲁士又推进到了莱茵河，这样它的领土就分成了两部分，在这两部分之间插进了黑森和汉诺威。当然，德国对维也纳会议的这种结果是不满意的，一些人希望德意志同盟具有更集中的形式、更强大的权力；另一些人则仍然要求加冕的统治者接受宪法，以保证人民参与国家生活的权利。

这两股潮流，民族的潮流和自由的潮流，决定了德国以后几十年的历史。

雅科布当然也希望维也纳的决议能够促进德国的统一，但遗憾的是这并没有实现！

这一年的夏天，威廉游历了内卡河和莱茵河，这是两条在当时非常具有浪漫主义色彩的河流，两岸有许多的山峦和城堡，风景宜人，大自然的魅力在每处散发着。

雅科布在维也纳会议之后返回了卡塞尔。有段时间他还同家里人讨论维也纳会议的那些模棱两可的决议，不过家里人对他的关心和支持使他慢慢地平静了下来。的确，很多事情我们是无力改变的，它已经形成了一定的规律，这也是一种无奈。

雅科布不担任外交职务的事情是在侯爵夫人的帮助下顺利解决的。重要的是，这次不仅没有使侯爵受到侮辱，他还能够要求其他更适合自己的职位。雅科布当然希望在卡塞尔得到档案管理员的职位，或者在威廉担任秘书的那个图书馆里谋得一个职位。他过去的领导者什特里杰尔于1815年去世了，留下了一个空缺。

1815年12月，在结束了巴黎的一切工作之后，雅科布乘驿车路过布鲁塞尔回到了亲切的故乡卡塞尔。他几乎在法国和奥地利漫游了两年，现在，兄弟们又在一起了！千言万语都深深地包含在了那个久久的拥抱中。

雅科布和威廉走到书架前，雅科布真的从内心感谢上天，他又体会到了愉快和满足感。和学术著作《儿童与家庭童话集》在一起的还有一本今年出版的书，书上写着：《格林兄弟》，这便是童话集的第二卷！

雅科布不停地抚摸着这本书，太多的感情在此刻是难以言表的，他也只是这样欣慰地看着，久久看着……

第四章 梦想照进现实

1. 童话集第二卷

从前有一个人准备要到遥远的地方去旅行，临走前告别时，他问自己的三个女儿，要给她们带什么回来。大女儿说要珍珠，二女儿说要钻石，而三女儿说："亲爱的父亲，给我带回一只会唱歌的云雀来。"原来得到珍珠和钻石要比得到一只会唱歌的云雀容易得多。

上面的故事是多尔特亨·维利德讲的。在搜集格林兄弟童话集第二卷的资料时，很多人为此提供了宝贵的资料，其中就包括多尔特亨和卡塞尔药房主人家的老玛丽娅。

在老玛丽娅的童话贮藏库中，有一个童话故事是关于国王和他的三个女儿的。她还讲了关于青蛙王子的童话。

小女儿碰到了一只青蛙，它是一个王子变的，公主并不知道，公主也不害怕同青蛙睡一张床，青蛙跳到了枕头下边，公主就睡着了。早晨，她睁开眼睛，没见到青蛙，心里想，大概青蛙跳着跑走了。可是出现在她眼前的却是一个年轻帅气的王子，王子将自己被巫术控制的事情告诉了公主，公主表达了自己的同情和理解，而且公主对他一见钟情，还答应做他的情人。最后他们一起去找国王，国王也替他们感到高兴，为他们举办了婚礼，祝福他们一直幸福下去。

日耳曼学家费迪南·济别尔特寄来了《聪明的小裁缝》，这个童话讲的是一个外表难看的裁缝用巧计赢得了非常骄傲的公主的心，并且娶她为妻，幸福得像田野的麻雀。

多罗捷娅·菲曼住在离卡塞尔不远的村庄里，她为第二卷提供了好多个黑森的童话，丰富了第二卷的内容。格林兄弟若是要求她重述故事，她也总会很耐心地再讲一次，这样记下的故事准确性就提高了很多。

虽然菲曼有着丰富的童话财富，但现实生活却是残酷的，她有六个孩子需要养活，而她的家庭是非常贫困的。她将她知道的故事讲给格林兄弟，他们帮她将财富留下来了。不幸的是她在1815年底就去世了，没有机会看到这本载有她的童话故事了。

《万能博士》、《可怜的磨坊徒弟和他的小花猫》、《鬼和他的祖母》、《放鹅姑娘》、《懒惰的纺织妇人》、《清白的太阳要透露这件事》，很难想象这些故事都是出自一个曾经饱受贫困生活折磨的妇女。

这个心地善良、心态平和的妇女虽然被战乱搞得精疲力竭，家务的操劳也使得她有些痛苦，但是她建筑了一座黄金式的空中阁楼。

药房主人家的普通佣人玛丽娅和菲曼，在一定意义上，因为格林兄弟采用了她们的童话而被载入了史册。她们当然也不会想到会有这样的荣誉，她们对童话集的第二卷真的起了很大的促进作用。

为童话集第二卷提供材料的第二个主要地点是维斯特伐利亚。哈克斯特豪森和德罗斯捷都住在这里，他们提供了近二十个故事。

编入第二卷的很多童话并不都是格林兄弟本人听到和写下来的，而是他们的朋友们，很亲信的人，对于这些资料的可靠性，我想是毋庸置疑的。

跟之前的一样，格林兄弟保留了对童话集语言本身进行校订的方式。

1813年夏，为了能够亲自听取和记录在标肯多尔弗及其周围的童话，威廉来到了哈克斯特豪森家的领地。这一家的孩子们也给了威廉一些帮助。

过程越艰辛反而显得结果越重要。威廉冒着倾盆大雨沿着维斯特伐利亚泥泞的小路走了很久，为了把马车从泥坑里拉出来，他不得不经常下车，就这样走了很多泥泞的路，最终到达标肯多尔弗。

哈克斯特豪森全家热情地迎接了他，在他做客期间，姐妹们也都很殷勤地关心他，他们都住在一个大宅子里面。

很巧的是，在做客期间，她们娘家那里还来了亲戚，威廉就同娘家那儿的人也认识了。令威廉感到吃惊的是，当时只有16岁的安涅塔所知道的童话数量，真的多到让他难以置信。但是，威廉发现虽然她的聪明超过了同龄人，但是她的判断太过绝对。直到走之前，威廉才得到她的承诺：要是她再想起什么，一定会记下来然后寄给他。

温柔的热尼负责提醒妹妹实现承诺，这样就又铺了一条通向童话的小路。

在访问标肯多尔弗之后，威廉告诉哥哥雅科布说："我这段时间过得很愉快，他们知道许多童话、歌曲、传说、新闻等等，我记下了一大部分，还有一部分是奥古斯特记下的，他想将它们再抄写一遍。有的甚至是孩子们讲的，还有裁缝和佣人讲的。为了能够在安静的环境中将它们准确地记录下来，我不得不在这里待上四至六个礼拜。

"从早晨开始以及午饭之后，通常都是在抄写，每天晚上我们也到近处的树林里面去散散步，晚饭过后，我们还会唱歌跳舞，热闹到天黑。"

标肯多尔弗的朋友们带来的越来越多的童话充实了第二卷的准备材料，有的童话是从德罗斯捷那儿得到的，格林兄弟对此很是感激。

奥古斯特·封·哈克斯特豪森曾参加过反对拿破仑的战争，在1813年底的时候，他在行军途中寄了几个他在夜里和同伴一起站岗时听到的童话。几个月后，那时已是1814年的春天，威廉收到了柳多维娜·封·加克斯特加乌津寄来的她在标肯多尔弗为格林兄弟所搜集并记录下的童话，为了表示感激，威廉还回了一封信给她。

"尊敬的小姐，感谢你给了我意想不到的惊喜。它们对我来说真的是非常可贵，因为这些都是你搜集来的，它们可爱的情节一定会为童话集第二卷增色不少。你很难想象，为了准备第二卷，受到很多像你这样的朋友的帮助，内心的感情真的难以表达，只能简单地说万分感激。"

1814年9月，第二卷收录了从哈克斯特豪森家寄来的如下童话故事：《森林里的老太婆》、《小羊和小鱼》、《国王的孩子》、《六个仆人》、《活命的水》、《白新娘和黑新娘》、《乌鸦》、《玻璃瓶里的妖精》等等，当然不是所有的故事都是幸福的结局，也不是所有的故事都有悲伤的结局。

这些童话故事都经历了许多个世纪和时代，在童话的情节上面也留有它们特有的痕迹，有如痛苦、灾难和不幸。在维斯特伐利亚的童话和传说中，有一种追求解放的精神力量和拥有魔法除掉恶魔的美好愿望，并且故事的结局也是渴求美好。

在童话故事《小羊和小鱼》的结尾是这样叙述的："女魔法师给小羊和小鱼念了解魔咒，他们又恢复了小哥哥和小妹妹的人形，之后女魔法师将他们两人带到一个森林中的小屋，他们在那里生活得很幸福、很满足。"

一切就是那么简单，短短的一句解咒语就可以将他们变回人，简单地挥挥魔棒就可以获得幸福。在这样的故事里面，表达了只有人的善良和仁慈，才是获得最终的幸福的方式。

多个世纪以来，人民的命运总是疾苦的，所以，他们在童话故事里面幻想着幸福，幻想着光明，幻想着自由。这些幻想虽然充满了神奇，但是人们并没有失去理性。在国家陷入战争的危机时，人们所遭受的灾难和痛苦在一些童话里面也有体现，毕竟那是真正难以抗拒的痛苦。

在幻想中，人们因为拥有正义、勤劳和善良的美好品质才得到幸福，这也是符合人们对一个更加和平、更加纯洁、更加完美的世界的渴求。

格林兄弟的童话集第二卷的主要部分是来自黑森和维斯特伐利亚不同地区的，从数量上看，还是黑森的较多。

与第一卷一样，格林兄弟的任务仍然是对故事进行校订和语言规范方面的修改，以便保证童话的体裁是统一的，叙述的风格要一致，并且韵味也要和谐。

威廉对诗学方面比较感兴趣，而写序言和注释就弱了一些，所以雅科布经常一面工作，一面对每个句子进行提炼和润色。在语言上也是追求每个细节都恰到好处，使这本书成了具有格林兄弟特有风格的作品。

在这本书的开头，威廉阐述了搜集童话的两个目的：一是保留下古代人民的诗歌遗产，第二是向青年读者介绍这份遗产。格林兄弟希望这一卷《童话集》能和第一卷一样，成为一部永恒的儿童读物。

"我们不仅希望这部书能够为诗歌史服务，我们还希望这部书能够成为一本真正有教育意义的书。有些人不同意后者，他们说在这本书里，有不少地方是与这一目的矛盾的，这对于孩子们来说也是不适宜的。比如当谈到魔鬼的时候，父母就不愿意把这本书给孩子们看了。从某方面讲，这种担心是有道理的，但我想，任何东西都不能够比大自然本身更好地证明我们是正确的。

"大自然把所有的花朵和叶子染成各种颜色，这种颜色本身就是大自然赋予它们的形式，如果有人因为个人的喜好而不喜欢这种颜色和形式，那么他可以选择不看，但是他不能要求把一切改变成他喜欢的样子，染成他喜欢的颜色。又如，天下雨，是大自然对万物的恩泽，如果谁不愿意将自己的植物摆放出来，担心它们会过于敏感，会受到伤害，选择在家里浇灌它们，但是不能要求别人也如此。

"自然界的一切都能够成长和发展，我们应该力求这一点。在正确阅读的情况下，我们不会从童话中读到任何不好的东西，恰恰相反，它会成为我们的心声。孩子们可以天真而又无所恐惧地指着天上的星星。相反的是，在民间的迷信中，孩子们这样做却是对天使的侮辱。"

格林兄弟是对的，当然，他们根本不会想到，这本童话书会以千百万册的巨大数量风靡于全世界。是格林兄弟让它们成为更加璀璨的珍宝，让它们从民间走向全世界。

2. 简单的生活

在格林兄弟的童话集大大丰富了文学宝库的时候，他们的前几篇学术论文也受到了学术界的好评，这对格林兄弟来说是很欣慰的鼓励。

1816年4月，雅科布给侯爵写了一封信。

"自殿下恩许我撤离外交职务后的数月，我还在领取着外交代表团秘书的薪俸，我一直在等待着得到一份与我疏浅的才能相适宜的新任命。我接受这份恩赐，内心惭愧之至，这种恩赐也是违背我的原则的，我不能无功受禄。而且它也会将我束缚起来，迫使我处在一种不明确的新职务的状态之中。因此，我恳切地请求任命我去补充宫廷档案管理员的空缺。"

这一次的决定做得很果断。雅科布于1816年4月被任命为卡塞尔图书馆的第二管理员。每个月600塔列尔，同他担任外交代表团秘书时所得的薪俸是一样的。第一图书管理员是约翰·路德维希·弗奥利克利担任的，他比雅科布年长二十多岁，所以格林兄弟并不认为这是对自己的侮辱，相反，他们相处得很融洽。

雅科布现在和威廉一起工作，实现了他们最初的愿望。关于这件事，威廉曾写道："对我来说，哥哥获得这个职位比我得到任何提升还要重要。我们坚信，只要是我们能力以内的，我们就要在一起，一起工作是我们一直的愿望。"

格林兄弟觉得在卡塞尔工作的条件已经很优越了，他们对此也很满足。

图书馆的大厅非常的漂亮，他们可以在这里接待读者，解答读者提出的问题。谈话的内容也非常的广泛，天南海北的，读者问的问题也是各式各样的。

除了周末和节假日，格林兄弟每天都会在图书馆，图书馆只对读者开放三个小时，其余时间都是用在了辅助性的工作上面。每天的工作结束后，他们还可以从事个人的研究工作。

关于这几年静静的生活，威廉写道："谢天谢地，我们享受到了幸福，这个时期我们的工作是合适的，而且还有从事研究工作和实现某些文学方面的计划的空余时间。"雅科布说："从这时候起，我开始了最安静、最充实、工作最有成效的生活。"

当然，一切不会那么顺风顺水，偶尔的海浪使得生活有了些波澜。

1821年，在黑森侯爵威廉一世去世之后，他的儿子继承了位置，他要求把父亲的私人图书馆和卡塞尔图书馆合并。后来就从威廉堡运来了成千上万卷的书。格林兄弟不得不在一个个狭小的房子里面打开各种箱子，编制图书目录，寻找图书的复本，重新布置所有的书架。从某方面讲，就是将整个图书馆重新布置了，原先的井井有条和从容不迫的工作进程受到了极大的破坏。

王位更换后，图书馆便从属于宫廷主任官署部门了，这引起了图书管理员们的极度不满。他们有一项艰巨而又毫无意义的工作，就是一行一行地复制整整80大本的目录，他们同老图书管理员弗奥利克利一起做。

这种令人厌倦而又毫无意义的工作持续了有一年半，雅科布写道："人总是会愉快地做某项有益的工作，然而我应当承认，这是我一生中最不愉快的一段时间，它使我感到难受，并且长时间地破坏了我的情绪。"

正是因为图书馆可以使他们长时间在一起，一起工作，一起在家，而且这对他们来说是非常重要的，所以他们坚持了下来。

这些年他们都是住在威廉堡林荫道上的漂亮房子里的。冬天，寒风在窗外呼啸而过，而屋内显得温暖而温馨；春天的时候，阳台又被绿色装饰了起来，种上了向日葵、青豌豆、旋花和桂竹香；夏天，从窗子可以远眺到郊外的山峰，在晴朗的天空下，一切都显得那么明净。

那样的生活环境就像格林兄弟说的："充满幸福和欢乐的大自然是永远也欣赏不够的。"

有了几个弟弟和料理家务的妹妹洛塔同他们在一起，雅科布和威廉的生活显得更加的美满了。《我们的家庭生活日记》这本书谈到了他们兄弟姐妹之间的相互依赖以及生活上的互助。雅科布曾在自己的印书馆印刷了这部日记，上面还附带了妹妹洛塔的照片，并把它们作为圣诞礼物分赠给了自己的弟弟妹妹。

1822年，格林兄弟不得不离开这个充满温馨回忆的房子。新侯爵对于自己的恋爱事件比对学者们的成就更感兴趣，他建议格林兄弟另找住处。

当然，新的住宅是无法和旧住宅相比较的。搬家打乱了兄弟两人正常的日常生活，他们不得不一次又一次挑选祖父以及父亲留下的珍贵东西，而扔掉那些充满回忆的东西对格林兄弟来说是残忍的。

当他们安排好新居后，料理家务的妹妹洛塔离开了兄弟们的家，她的丈夫是一位法官，洛塔在婚礼后告别了哥哥们。格林兄弟最大的心愿就是妹妹能健康地生活，她那有些苍白的脸庞和有些病态的脸色使他们想起了母亲，但愿她婚姻美满，身体健康。

令人有些担忧的不仅是妹妹，威廉的病情也显得不稳定了。1823年春，威廉又开始发烧了，真令人担心啊，大家都害怕这会转变成神经性热病。雅科布夜夜都守在弟弟的床前，白天还要完成两个人的工作，日子不太好熬。

还好，之后的一段时间，威廉的病情终于好转了。威廉在给朋友的信中说："感谢上帝，一切看上去算是顺利地结束了，没有发生可怕的事情。关于威廉会死的念头真的能毁灭我整个一生，它刺入了我的内心深处，甚至现在我还害怕写这个词。我将耐心地经受住由疾病引起的一切痛苦。"

威廉在城外休养的日子里，一直都是雅科布在料理家务。

1823年夏，雅科布曾徒步来到那些他曾经度过青年时代的地方，在路上花了有12天。

1824年，他们又得搬家了，雅科布写道："我们从狭窄的储藏室搬到了望景楼，这里没有打铁的叮当声，还可以听到夜莺的歌唱。"

从1816年格林兄弟一起到卡塞尔图书馆工作以来，差不多有10年，这10年的生活简单却充实，图书馆的工作、学术研究，都是幸福的。

1815年，在拿破仑彻底下台了之后，胜利的大国，俄国、普鲁士和奥地利组成了"神圣同盟",各国人民都渴求长期的和平。

从1810年开始,有的地方出现了煤气喷嘴,电报的实验也开始了。1814年乔治·史蒂芬孙制造的蒸汽机成为人们议论的对象。1818年,人们惊讶地看到第一艘装有蒸汽发动机的轮船驶在莱茵河上。就是在这个时候,大家慢慢了解到蒸汽和电的力量具有怎样的可能性。

对于文学来说,19世纪末20世纪初是真正繁荣的,在德国文学中出现了许多新的作品,它们都成了世界文学最有价值的一部分。1816年至1817年歌德出版了《意大利游记》,1819年出版了东方题材的抒情诗《东西合集》,1822年出版长篇小说《威廉·迈斯特的漫游时代》,歌德是那个时代最典型的代表。

1819年,叔本华发表了著作《世界是意志和表象》,但是开始的时候这部作品并没有受到人们的关注。1822年至1824年,达力曼发表了两卷集的《历史研究》,而列奥波利德·封·兰克在1824年完成《拉丁语系民族和日耳曼民族史》。

这10年使格林兄弟看到了很多,统治者和被统治者在宪法上的争论越来越激烈。他们也发现,在各种文明的影响之下,文明的形式在缓慢地改变。

3. 关于传说和语法

1816年,威廉在给歌德的信中提到,许多学者认为对于研究德国古代文学不予理睬是自然而然的事情。德国学者研究自己民族的语言竟然还要经过相当长的一段时间。

格林兄弟已经慢慢意识到,需要重新揭示的远非过去所创造的一切。有时他们也会感到毁灭几乎是不可避免的。对此，雅科布说："世上的东西在不断地毁灭，甚至是最美好、最人道的东西也是不能长存的。当然，这一切都取决于上帝的意志，同样是依照上帝的意志，在肥沃的土壤上长出新的、高尚的东西。悲伤与喜悦交替存在，喜悦是主要的。"

每当雅科布在图书馆的手稿中找到任何新的、与时代对立的东西，便会特别开心。他曾在信中跟一位朋友说："善良的别尼迪克特教团的教士们为我们抄写、保留的珍贵东西确实拯救了一切，我们也应当阅读并抄写下来。"

舆论界对于宝藏的真正价值理解得非常缓慢，《童话集》第一卷已经出版了7年，第二卷也已经出版了4年，在这个时期，《童话集》总共才销售了几百册。到了1819年才有机会对这两本书进行再版，不能说它是一下就受到普遍欢迎的，相反，在它获得少年儿童的喜爱以及征服大人们的心之前确实经历了一个不短的时期。

格林兄弟也在研究童话理论，他们还在新版本里附了一篇文章《论童话的实质》。文章说："给孩子们讲童话，是为了使最初的信念和心灵的力量在他们纯洁而又温柔的世界里萌芽和成长。每一个人对童话那富有诗意的淳朴而感到高兴，它们的真实性同样使每个人受益。因为这本童话集大都用于家庭，并且产生了影响，所以它又被称为《家庭童话集》。

"童话好像是与世隔绝的，它舒服地处于优美、安逸而又平静的环境之中，不受外部世界干扰。它不知道外面的世界，它也不知道任何人、任何地方，它没有固定的故乡。对于我们整个民族，它是某种意义上共同的东西。"

童话不能单纯地说成，是那些为了一时之需而制成的幻想花纹以有助于五彩缤纷的编织，我们也能清楚地观察到它的意义、因果联系和思想。这里有对上帝和宗教的思考，有对人民接受洗礼并非物质化的庄严力量的自然力所抱有的古老信念。

1822年第三卷出版，这一卷包括对某些童话的注释以及文学简评。而且这一卷主要考虑的不是只愿欣赏诗歌的儿童们，还有学者。

在注释中，格林兄弟不但指出了他们的童话和法国以及意大利童话的同源关系，并且指出了这些童话与动物童话情节上的相似。所以，附有格林兄弟注释的第三卷同样具有重要的意义。它为童话研究打下了基础，而且这种研究在我们这个时代依然存在，也可以说是发展成了比较重要的学术活动领域。

格林兄弟的功绩不仅在于他们对古老童话的辛苦搜集，还在于他们成为此学科领域的奠基人之一。威廉对这部书的理论部分提出了基本思想，雅科布则注重基本语法问题的研究。

雅科布极少参与童话集第三卷的编写工作，这些大都由弟弟负责，雅科布提出的一些建议威廉也会慎重考虑并选择性采纳。

包含第三卷的童话集一共经历了16年的劳动总结，这是巨大的付出。1823年，格林兄弟欣慰地看到他们的这三部书开始博得普遍的赞扬，其中部分童话还被翻译成了英语。

同时格林兄弟还在研究另一个选题，这一选题似乎可以和《童话集》相提并论，那便是《德国传说集》。传说是一种全新的东西，童话有更大的幻想性，它们大都是美好的虚构，也不受地理的限制，而传说不一样，传说所叙述的大都是不可思议的事件，类似于鬼斧牛神跟历史有些关系的。

在格林兄弟之前，就已经有人尝试搜集和出版传说了，不过这方面的主要功绩应当属于德国晚期浪漫主义作家。

"这是在没有意识到的黑暗地方有意识的猎人，他们所说的是神话、传说和迷信故事，他们并没有在其中消失，如果他们发生迷惑，那么很快便能重新找到正确的道路。"

格林兄弟也属于这种追捕野兽的猎人，同研究童话一样，他们开始时也想从讲传说的人口中知道一些。

弟弟费尔季南德从童年时代的朋友帕乌利·维甘德那里知道一些传说，还有一些是班格神甫以及其他人那里知道的，他都告诉了哥哥。这次，封·哈克斯特豪森一家再次积极地参与进这项工作。

格林兄弟的人格是无与伦比的，他们不计较个人得失，团结一致，追求光辉的事业与理想。格林兄弟为后人树立了一座精神上的丰碑。

除了口头的一些传说，格林兄弟还搜集了许多纸张资料。这些传说一般只会存在于那些纸张泛黄并且落满尘土的旧书籍中。他们从普里尼和卜洛可比的作品中作了摘抄，他们还从格里高里的作品中找到了法兰克人的传说，从保罗·狄康的作品里查到了朗哥巴尔德人的传说。

他们翻阅了16和17世纪的一些作品，同编写童话一样，他们用自己的方式将其润色和改编得更加流畅和通俗。

1816年，他们顺利出版了传说的第一卷，在1818年复活节前出版了第二卷，这也是最后一卷。这两卷书同样向世界打开了一个非常美妙而又几乎被人遗忘的世界，这里所藏有的宝藏是其他无法比拟的。

威廉的儿子盖尔曼·格林算是非常了解并理解他的父亲和伯父的工作的，关于此他曾写道："《德国传说集》完全是他们兄弟两人在一起工作的时候出版的，所以确定发表的东西是根据他们两人所特有的思维方式进行改编的……《德国传说集》在许多世纪后还将以雅科布·格林和威廉·格林所赋予它的语言存在下去。"

在这两卷当中，他们搜集了近乎六百个传说。其中第一卷专门搜集的各个地方的传说，第二卷则是历史传说。

在这些传说中，家神和幽灵到处游荡，人鱼公主和爱尔菲使自然界有了更多的生机，神鬼和地精则喜欢在储藏室里跑来跑去，矮子从地洞里钻了出来，巨人迈着大步跨过群山，高祖母竟然复活了，由魔力控制着的王子在等待着属于自己的时刻。

还有一些经常出现在历史里的人物形象，有时是民族大迁徙时代的公爵或者是较晚时代的国王或是皇帝，有时传说中的人物不仅出现在了古代的宫殿和城堡、地穴和坟墓，还在历史的剧情里面演绎了更为精彩而神奇的情节。

为了说明他们多年来是以什么样的标准研究这个集子的，格林兄弟做了个形象的比喻："传说搜集者的劳动很快证明是有效的，而成功的发现最能使人联想到在青苔上和茂密的灌木丛中碰到正在卵雏的母鸟时的那种童年时代天真无邪的欢乐；小心翼翼地拨开树枝，以便不打破这里的栖居者的安静，并偷窥一下自然本身的非同寻常。"

格林兄弟能够有充分的权利像《童话集》那样向"德国诗歌、历史和语言爱好者"推荐《传说集》，正如威廉所说，《传说集》成了一本"不可缺少的指南"，或者说是"必要而有益的作品"。

对于格林兄弟来说，表面上平静的卡塞尔岁月，即图书馆时期，不仅充实紧张，还很快乐，因为他们是在一起工作的。

雅科布以他所固有的对造物的神秘现象的虔诚态度，着手研究德语的规律性。他不仅对语言非常的敏感，在古典和现代语言等方面也有一定的积淀。

在当时，用比较法研究语言刚刚开始。雅科布几乎用了20年的时间写了这部巨著《德语语法》，这部著作奠定了对德语研究的基础。从狭义上说，他成了日耳曼语文学的奠基人。

1819年，《德语语法》第一部成功出版了。雅科布把这部书献给了当年十分尊敬的大学老师萨维尼。

雅科布写信说："亲爱的萨维尼：我始终怀着深切的愿望，把我无论在什么时候创作出的美好而又有益的东西献给您，而不是任何人。"

雅科布在说明自己的那部语法著作时，还强调指出，他并没有企图建立德语理论。在他看来，孩子们的语言能力应该得到完全自由的发展，自然而然的东西是最好的，就像吸收母乳一样的自然。

雅科布一直都不赞成那种把自己的看作是最好的，以为自己是语言方面的立法者，或者认为自己的就是权威的教导方法的做法。他不希望建立"学校和家庭日常生活用的本族语言"的语法。

他说："编写德语历史语法的想法真的吸引到我，在认真阅读德国古代文献资料后，我发现它完全能够同那种引起我们对希腊人和罗马人产生嫉妒的东西相媲美。"

雅科布从马尔堡大学获得了语文学博士学位，从这个时期开始，雅科布就同克尼格堡大学教授卡尔·拉赫曼建立了通信关系。拉赫曼还是日耳曼学家和古典语文学专家，他们的通信内容也比较广泛。

1822年，《语法》第一卷的第二版出版了，这本书有一千多页，很厚，同第一版相比，也增添了一些新的东西。

第一卷只是格林语法体系的最初，后来他的语法发展成四大本，雅科布将自己的著作谦虚地叫作《德语语法》。他把哥特语、英语、斯堪的纳维亚语都作为自己的研究对象，并且把从早期到现代的许多语言文献都作为资料参考吸收。

雅科布从字母学说也就是语音开始，研究每一种日耳曼语语音结构及其变化的规律，他还对这些语言的变格和变位方法进行了较为精细的分析。

雅科布的特别在于，他早于丹麦语文学家拉斯姆斯·克里斯季安·拉斯克进行重要的研究，发现了辅音演变规律。关于这个问题，雅科布在1812年4月告诉了拉赫曼，在编纂《语法》的过程中，雅科布经常去征求他的意见，他知道拉赫曼的意见中肯可取。

雅科布的一位崇拜者曾说："他在语言上的发现对于日耳曼学的意义与'万有引力定律的发现对物理学的意义'是同样重要的。"当然，这样的话不免有些夸张，但在某方面也是有它的意义。

在《德语语法》中，雅科布还论证了语言的形成及其变化的发展过程。因为这一部作品，雅科布大大丰富了语言学，其中也包括词源学。雅科布以学者的洞察力挖掘出各种语言之间的联系，并说明了语言同使用它的民族的精神是一致的，甚至发现某些规律在各种语言中都以惊人的方式发生着作用，这也是雅科布的特殊功绩所在。

显然，这部著作引起了学术界的极大关注，各个学术团体或是科学院都把推举雅科布为自己的成员看作是一种光荣。连歌德都称赞雅科布是"强有力的语言天才"。

雅科布没有将自己的书呈献给威廉二世侯爵，他害怕会产生对自己不利的影响。这个暴君并不关注时事政治，在他眼中，宠姬才是重要的，他也不需要什么思想家，他只是要那些唯唯诺诺的臣民。

在其他官员都得到大量补贴的时候，唯独雅科布和威廉是没有增加薪俸补贴的，这种情况也是有着一些危险性的，但格林兄弟并不畏惧，相反，他们更加投入地做研究工作。

当然，从另一方面讲，这部书不是为不学无术的公爵们写的。

在第一卷新版本出版之后，雅科布还在继续编写他的《语法》。

1822年秋，雅科布开始担忧自己的身体，他害怕自己会跟父亲一样过早地逝世，离开书桌的这个念头出现得越来越频繁。

他不愿意这部研究语言的著作成为未竟之作，所以他一直挺着，任劳任怨地继续工作着。

雅科布努力使自己摆脱悲观的念头，他给自己的同行别涅克写信说："如果您等不到我的《语法》完成，也没有什么大不了的，当将来出了五卷或六卷的语法书时你还有足够的时间。就像我说的，轻松地散散步，用我的遗骨去打书上的苹果。"

时间变得紧迫起来。雅科布一面编写《语法》的第二卷，一面找出时间翻译武克·斯捷凡诺维奇的《塞尔维亚语语法》并将其出版。当年他在维也纳的时候还研究过斯拉夫语，这也是他扩大视野的一个途径。一个语言学者在研究塞尔维亚语的时候，也没有忘记要特别注意语言的优美性。

就在雅科布研究语言史的时候，威廉还在不停地搜集和补充童话和传说集。因为身体的不适，他不能与雅科布并驾齐驱。这些年他写出并出版了《论德国古代民歌》一书。

与雅科布不太一样，对于威廉来说，具有决定意义的不是形成语言发展的规律性，而是这一语言在其发展上所富有诗意的潜在力量。

搜集和研究之路是永无止境的，他们也永不止息地笃定着他们的步伐。

第五章 人生的一次转折

1. 卡塞尔的最后生活

1825年，距威廉被任命为卡塞尔图书馆的秘书，已经有11年，而距雅科布在外交舞台上周旋一段时间后回到图书馆，也过去了9个年头。

格林兄弟一直谁也离不开谁的样子，只有妹妹过着自己的幸福的生活。兄弟两人已不再是青年，雅科布都40岁了，威廉也39岁了，他们的名声也传播到了德语国家之外的文学界和学术界。

当时的政治形势不容乐观，德国何去何从，谁也不清楚。尽管处于停滞和压迫的环境中，但在人民当中，使分散的德国实现统一的愿望还是很强烈的。人们也很怀念在自由环境下的生活。

格林兄弟对国家命运也深感不安，他们努力从工作中找寻慰藉。雅科布在认真地研究新的学术领域，有人说他像是"同科学订了婚一样"。作为一个不知疲倦的劳动者，他在学术真理中找到了生活的意义，找到了属于自己的真正的快乐。

或许看上去他有点像苦行僧，但是他并没有变成一个厌世者和孤独者，他与亲戚朋友和睦相处，苦乐与共。对于他来说，放弃个人家庭的幸福并不是一种牺牲或是一件勉强的事情。他知道自己担负着很沉重的任务，好像一个竭尽全力通过陌生地的旅行者一样，他在自己的学术研究中不断行走，一步一个脚印，坚定而稳重。

对于哥哥的禁欲主义，威廉是不赞成的。他39岁结婚的决定并不是一时的想法，他爱卡塞尔药房主人的女儿多罗捷娅。

她出生于1795年，比威廉小10岁，人们经常称呼她多尔特亨·维利德。格林兄弟从童年时代就认识了"太阳药房"家的女儿，在母亲还在世的时候，多尔特亨经常到格林家去玩。

在格林兄弟搜集童话的时候，多尔特亨还只是个12岁的女孩，她还给格林兄弟讲了从家中听到的有趣故事。当然家里最喜欢讲故事的便是年老的玛丽娅，多尔特亨会跟威廉在城外交谈，或者是花园里，冬天则在厢房的火炉旁，那样会很温暖。

这个善良而温柔的姑娘，谈吐自然得体，渐渐地，她就成了格林兄弟家的常客，再之后，就成了其中一员。在威廉和她结婚的时候，她已经30岁了。

她还以极大的自我牺牲照顾着自己早死的姐姐格列特亨留下的几个孩子，孝顺的她还尽心地侍奉自己年老的父亲母亲。

威廉知道多尔特亨的近况很困难，所以更加关心她。

1815年初，在雅科布参加维也纳会议的时候，威廉写信给他说："老维利德在圣诞节的早晨，经过痛苦的折磨离开了我们，现在还不清楚一切要怎样料理，也不知道多尔特亨会发生怎样的事情。她完全消瘦了，最近的两个礼拜都没有好好地睡一觉，真的很担心她冬天会支撑不了，我真的很心疼她，真的，她是如此可靠而真诚。"

《家庭日记》中也记载了格林一家与维利德一家的良好关系，这本日记中还保留有多尔特亨的父母死亡的时间，也有多尔特亨本人的生日。在《家庭日记》的前言里，雅科布也对多尔特亨说了几句话："亲爱的多尔特亨，你可要原谅我将你也列入这本日记当中，一方面为了使日记的内容丰富一些，另一方面是因为我们像喜欢妹妹那样喜欢你。"

威廉总是以温柔而善解人意的态度对待多尔特亨，这么多年过去了，善意的同情也好，类似亲情的照顾也罢，最后都发展成了爱情。

1824年12月，威廉与多尔特亨订了婚。1825年1月，雅科布将婚礼的消息告诉了拉赫曼。

"事情拖了很久，圣诞节时才做了最后的决定，他的未婚妻是我们都很喜爱的、期望的、真诚的姑娘，她叫多尔特亨·维利德。对于我们整个家庭来说，这真是一件非常幸运的事情，因为虽然我们的家庭和睦而低调，但是一直是我们兄弟两人生活在一起，家务也是我们管理。我写信给您，您可以祝愿威廉幸福，他都不好意思谈这个问题。"

雅科布非常支持弟弟的选择，多尔特亨是善良和谦虚的，他很尊重这个少年时代的朋友。对威廉来说，结婚当然不是一时热血的结果，他曾长时间地考虑过这一步的合理性。

关于自己的妻子，威廉在给班格神甫的信中说："她是我认识时间最长、最亲爱的女朋友。我从童年时代就了解她，我们也都像对待亲妹妹一样对她。这绝不是夸大的赞美，在任何地方您都可以祝福我幸福。"

1825年5月15日，威廉在卡塞尔举行了结婚典礼。一家人在一起很开心地庆祝了这个小规模的家庭喜日。

威廉给做了马尔堡语文学教授的好朋友写信说："我觉得这个月并不像通常所说的度蜜月，我能预见到，我以后的日子将会同这八天一样的幸福。她是如此的真诚、善良、聪明。她对于人世的一切都怀有感恩，她还做好了随时献身于我们所追求的，但现在我们还没有得到的美好事物的准备。"

格林家的生活节奏没有因为这次婚礼而变慢，因为有了多尔特亨，这种生活变得更加充实。

家里阳光充足、空气清新，和在乡村一样。雅科布和威廉每人都有一间工作室，小弟弟路德维希·埃米尔的房间有一扇窗是向着院子里面的。他喜欢这里是因为没有很多的阳光会照到这里，而他绘画的工作正需要如此稀疏的光线。

威廉算是有魅力的男人，有一个女人因为他而感到万分痛苦。热尼·封·德罗斯捷·休利斯霍弗对威廉怀有极为友好的感情。威廉使热尼相信他已经把多尔特亨作为自己的生活伴侣。甚至在结婚之前，威廉还写了一封信给她。

"从我见到你的那个时候起，已经过了很长时间了。每次和你在一起的时候，我都有一种似曾相识的感觉。我不能想象，你会完全忘记我们，会把我们的回忆变得淡薄。"

结婚后的几个月，威廉又写了一封信给热尼。

"我真诚地希望，你可以和多尔特亨认识，我想你一定会喜欢她的。她的那颗纯洁、温柔的心，以及特别的严整性和你是很相似的。她的身上没有任何外在的、有违她本性的东西，如果有的话，她也会很快将它们摆脱掉。如果你知道并理解上帝用什么神奇的方法使我产生了这种爱情，那就好了。"

1826年春，多尔特亨在难以置信的痛苦后给威廉生了一个"健壮而又可爱的男孩"。他当然请求雅科布来做孩子的教父，所以小孩就叫雅科布。这个当教父的伯伯非常自豪地在《家庭日记》上写道："雅科布·格林诞生了！"4月16日的时候，雅科布，威廉的儿子，接受了洗礼。

妹妹洛塔生了第一个男孩卡尔之后，在1825年12月又生了一个女孩，名字叫作阿格涅斯，她命中注定活不到一岁。这真的让人非常的痛心！1826年10月，雅科布给舅舅帕乌利·维甘德写信说："今天一行也写不下去了，现在的我真的是非常的悲痛，洛塔的那个非常可爱的女儿阿格涅斯离开了我们。"

在洛塔的女儿夭折的那一天，威廉的儿子，人们亲切地叫他雅科布列，不幸地患了黄疸病。雅科布对自己的教子当然怀有一种特殊的情感，他一直像父亲关心自己的孩子那样关心着雅科布列，对于他的病，雅科布感到深深的忧虑。

雅科布列一连病了好几个礼拜，大家在希望和绝望交织中度过了一天又一天。

1826年12月初，雅科布对拉赫曼说："我可爱的教子已经病了有五个礼拜了，我真的非常担心他会好不起来，这些日子我真的很悲伤，多尔特亨由于经常彻夜不眠已经消瘦不堪了。"

上天还是没有稍微眷顾一下这个家庭，12月中旬，雅科布列还是离去了。两个孩子一个接着一个地离去，这个家庭的心已经不能再容下一点悲痛了，孩子们被葬在了祖母的坟墓旁边。

威廉曾写道："这两个我同样爱着的孩子现在就并排躺在母亲坟墓的旁边长眠了，我相信他们在天堂是在一起的，总是一起玩。活着的时候，他们还总喜欢用小手抚摸着自己的小脸蛋，然后笑得那样开心。"

这样回想起来，威廉还会幸福地笑起来，在平静了一会后，深深的悲伤蔓延开来，一直痛到心灵深处。

回忆自己儿子的死，威廉写道："在他的小眼睛再也认不出我们的前两个小时，他还试图用小手去触碰银铃铛，想玩一玩，可是很快银铃铛就从他手里掉了下去。这样一个可爱的孩子就再也不会睁开眼睛了。他死的那个夜特别的可怕，我永远不会忘记，他那个小小的心脏在我手的抚摸下吃力地跳动着，他同死亡斗争了12个小时，随着最后一息，他闭上了那两只小眼睛……"

过了好几个月，威廉还说，他经常梦见这个长而可怕的夜晚。如此痛苦的生活考验，使悲哀的父亲想起了这个世界上有一种珍贵而永恒的事物。

"我内心感到，爱，是唯一的、真正能够安慰人的东西。"威廉学会以感恩的心态来对待今后的生活。每当痛苦降临的时候，他的妻子多尔特亨就会更加体谅他，她知道威廉的忧伤，所以她尽自己的力量去安抚他，希望他看到生活里美好的一面，有些事真的是人们无能为力的。

1827年，洛塔妹妹生了儿子弗里德里希，1828年1月6日威廉和多尔特亨也生了儿子盖尔曼，盖尔曼后来成了一个艺术理论家。

盖尔曼的出生再次勾起了威廉对死去的雅科布列的痛苦回忆。他还给祖阿别季先写信说："小男孩很像死去的雅科布列，看来，上帝还是仁慈的，它的这次补偿使我们感到宽慰。我曾经为这种损失而感到异常忧伤，甚至在圣诞节的时候都会感到孤单。我们现在最大的希望就是，上帝能够仁慈地保留这份命运的礼物。"

产后的多尔特亨还十分的虚弱，她穿着医院里的白色衣服躺在床上休息。威廉一次又一次默默地来到这个屋里，屋子有些暗，拉着窗帘。多尔特亨说话还有些困难。小孩躺在生得旺旺的炉火旁边的小藤床上，威廉现在是自豪的父亲，他看着孩子圆圆的小脸蛋好像小糖人一样。

孩子很安静，很少哭，只是鼻子打着呼哧，低声哼哼着，好像自己跟自己说话似的。

要知道这个可怜的孩子在一生当中需要考虑很多问题以及看到很多事情。当时威廉就在思考，他的孩子将来会成为怎样的人，他回顾自己的经历时，就说："就我的心愿来说，他不要成为图书管理员……"

2. 有一种态度叫严谨

在那个年代德国出现了各方面的文化繁荣。比如1819年根据封·施太茵的提倡，建立了"德国古代史研究会"，主要是探索和研究历史文献。

1826年在格奥尔格·亨利·佩尔特茨的领导下出版了《德国历史文献》第一卷，这部书后来成了研究德国中世纪史的基本资料。

那些年还出现了许多非常重要的文学和艺术作品，由施莱格尔所开始的翻译莎士比亚作品的工作在蒂克的领导之下快要竣工了。

歌德着手写《浮士德》，海涅创作了《歌集》，格拉伯创作了《唐璜和浮士德》，威廉·豪夫创作了长篇历史骑士小说《列希登施太茵》，格里利帕尔采尔写了历史悲剧《奥托卡尔王国的兴盛和衰落》，而拉伊蒙德则上演了《人类的阿利亚和弗拉格国王》，弗兰茨·舒伯特写了《冬日的旅程》和《天鹅之歌》，贝多芬在完成第九交响曲之后，又写了自己最后的乐曲。

尽管当时的政治形势还是黑暗的，但是学术界的创作精神和热情还是很强烈的，这种氛围也影响到了格林兄弟。

1826年，他们共同翻译的《爱尔兰的爱尔菲童话集》出版了，和以前一样，《爱尔菲序》是由威廉写的，也正是他研究了爱尔菲的形象，那种由人民所创造的童话的优美形象。在这部书中，威廉再次展现了他的诗学天赋，而雅科布那善于分析的头脑就用在了研究语言学的问题上。

威廉对温顺的爱尔菲们进行了较为详尽的描述，描述他们的来历、外表、住处以及生活方式，当然还有他们的敏捷性以及和人的关系。威廉讲他们经常做人们的好邻居，当然也有做出凶恶举动的时候。威廉将他们形容得拥有神秘莫测的力量，那种魔力和诱惑力被描绘得淋漓尽致，连颜色和气味都很到位。

在这篇作品里面，威廉不是以一个学者的身份出现的，而是以一个语言艺术大师的姿态出现的，他能分辨语言的细微差别。比如，在描写苏格兰的爱尔菲的外表时写道："就美来说，任何另外的一个超自然的生物都不能和爱尔菲相比。虽然他们的身材很小，但是他们的体格特别好。特别是他们的妻子，她们有像星辰一样的眼睛，闪闪发光，她们的嘴唇像珊瑚，牙齿洁白，栗色的头发垂在肩上。"

当一个学者，特别是有如此敏锐的洞察力，以及富有诗意的想象的学者，描写这样一种神秘莫测的东西，比如描写那种"当它落在露珠上，露珠只是颤动了几下，而不会洒落的"又小又轻的东西时，乐趣真的道不尽。

在合译完《爱尔兰的爱尔菲童话集》之后，威廉写了一篇《论古代金石文字的文学》的论文，并用它充实了之前的《论德国古代金石文字》一书。威廉将他的注意力越来越多地转移到了用中古高地德国写的古代诗歌文献。在此前，很多专家认为出版古老的手稿还是很有必要的，毕竟它们是中世纪诗歌财富的基础。

威廉在这个时期的主要作品是1829年出版的《德国英雄传说》，全书有四百多页，这部作品也是多年心血付出的成果，它收进了从6世纪到17世纪初这段时期的德国英雄传说材料。在这部书的第二卷里，威廉还介绍了德国史诗的起源以及进一步发展的理论。

这些传说也鼓舞了19世纪的许多大诗人、大艺术家和作曲家，总的说来，这部书是进一步研究英雄传说的直接来源和基础。

与威廉不一样的是，雅科布还在研究他所沉迷的语言。1826年《德语语法》第二卷出版了，共有一千多页。他在紧张编写这一卷的时候，曾忧虑过，虽然很多学者和学术团体是承认他的著作的价值的，但是卡塞尔的上司对这部书没有表现出任何的兴趣，这不免让他感到失落。但是他也没有因此而放弃，他还在顽强而又坚定地做着自己所热爱的工作。

第二卷的主要内容是关于构词法的，他在研究德语的内部结构如何能够把词粘在一起的，并使它们融为更为复杂的语言构成物。他的作品所包含的不仅是语言学上的论述，这里还有着语言的哲学，深刻而有益。

《德语语法》第二卷发表后，雅科布决定将这一工作搁浅一段时间。

1828年，他出版了另外一本容量很大的《古代德国法律》，难以置信的是这近乎一千页的书是雅科布一个字一个字手写的。如果要追溯根源的话，那要到雅科布在马尔堡的大学时代了，从那时候起，他就开始搜集古代法律文件的文本了。

从这些资料文件中，我们可以了解到那个时代的语言、民俗、信仰以及人们的生活方式。他想在这本书中说明以下两点：第一，无论如何，我们都应以正确的态度去看待古代法律文件；第二，我们在关注罗马法的同时也要多多关注本地的法律形式，我们都希望法律制度能得到更好的改革。

雅科布对历史的态度一直是：遥远的过去值得研究并且值得全面地研究。

3. 去往哥廷根

1829年初，当时的图书馆馆长逝世了，看上去有了一种可以改善格林兄弟的生活条件和社会地位的可能。

格林兄弟的工作一直都与馆长有着密切的联系。在他去世后，格林兄弟曾期许，雅科布担任第一图书管理员，威廉就任第二图书管理员。到这时为止，雅科布已经担任了23年的国家公职，但是自从他在1816年开始担任第二管理员的职务以来，就一直没有得到过薪俸补贴。他的收入一直是600塔列尔，而威廉是从1814年才开始在图书馆工作，所以得到的更少。

关于提升的问题，1829年2月2日格林兄弟曾上书侯爵，其中强调指出："由于我们的条件，我们把自己的部分生命献给了图书馆的管理事业，并极其尽职地肩负着自己的责任，我们也总是能够忠实而又主动地做一切可能对图书馆有益的事情。"

三天后，侯爵的亲笔批示下来了："两份呈文不予受理。威廉·K。"就这么简单的一行字让格林兄弟甚是心凉。

馆长的职位由季特里赫·克里斯托夫·罗麦利担任，他是历史学家，过去为马尔堡大学教授，他曾负责宫廷档案馆并兼任国家档案馆的馆长。但是罗麦利从来没有担任过图书馆管理员一职。

格林兄弟仍然担任着原来的职务，只是每个人的收入增加了100个塔列尔。

新任命的馆长在之前一段时间才被授予贵族的称号。罗麦利对图书馆的工作可谓一窍不通，他总是找不到所需要的历史方面的书，甚至连文件都不能正确理解。

在这样一个新馆长的领导下工作，格林兄弟感到极大的侮辱。雅科布甚至开始后悔在1816年拒绝了波恩大学的聘请。

1829年夏，惊喜来得真是时候，格林兄弟被邀请到哥廷根去。

虽然这是一个可以摆脱困境的时机，但是做出最终的决定还是不容易的。雅科布说："离开亲爱的祖国，一想到这里，我就会感到伤感。失去已经习惯了的工作，不再有那样的工作节奏，也可能不再有那样的业余时间了，听上去还真是有些残忍诀别的感觉。"

关于自己当时的感受，雅科布曾写信给莫伊泽巴赫说："我和弟弟妹妹从童年时代就对黑森非常地依赖，我们从我们的父母以及先辈那里继承了那种依赖性。近来我更常常觉得生活在异国是多么不可思议的一件事情。我的大半生都是在黑森度过的，我的一切念想也都会留存在这里。"

带着对祖国无限的依恋，格林兄弟接受了去哥廷根的邀请。

或许有点像雅科布所说的，他们屈从了所谓的"荣誉感"。10月，得到了来自汉诺威国王的正式邀请，雅科布将会担任哥廷根大学的编内教授和图书馆管理员，威廉在同一所大学担任图书管理员。

他们不会再为生计而窘迫了，在这里，雅科布将得到1000塔列尔，而威廉将得到500塔列尔。

格林兄弟向黑森侯爵递交了辞呈，第二天就被批准了。威廉说："这是我们在卡塞尔任职的整个年代中，所得到的最迅速而又对我们有利的一次回复。"语气略带嘲讽。对此侯爵还厚颜无耻地说："这就是说，两位格林兄弟就要离开了，这真是很大的损失啊！他们基本上什么事情都没有给我做！"侯爵也只能如此说了，因为他把自己的全部精神都放在了专制的理想上。他的格言是：

"朕即国家!"

格林兄弟怀着沉重的心情离开了最亲爱的黑森,同与他们朝夕相处的一切告别了。

1月2日,雅科布交出了图书馆的钥匙和印章。他说:"但愿我再也不会来到这个长长的大厅里,当我从它的窗前经过时,静静看着它们之间摆放的书籍,就会感觉很多双悲伤的眼睛在看着我。"

威廉对于哥廷根他补充说:"在那里,我们会适应另一种生活状态,遇到另一些人。我总是很难习惯另一个地方。在别列维尤大街上所度过的6年当中,我同山峦、河谷和河流结下了很深厚的缘。我倒想把熟悉新地方的这个步骤跳过去,从在那里扎下根的时候开始。"

在临行之前,格林兄弟曾同侯爵夫人奥古斯塔书进行书面告别,他们对她还是很忠诚的。

威廉在给侯爵夫人的信里写道:"我敢请国王殿下相信,人们不能够指责我们不爱祖国。我们是怀有最深沉的痛苦离开我们家族多少世纪以来光荣地为之服务的黑森,而我们对生活了大半辈子的卡塞尔的依恋之情也是很深的。我们的母亲以及我的儿子都长眠于这片土地上。

"因为在这里我们的家庭和我们的晚年将得不到保障,我们也耻于无法摆脱那种不应有的被压迫的工作状态。我想您一定可以谅解我们采取这一步骤的。"

侯爵夫人当时并没有和侯爵住在一起,他们分开居住,因为侯爵与列伊亨巴赫伯爵夫人同居。侯爵夫人以极大的同情和谅解给威廉回了信:"我认为,你和你哥哥能够想象到,我听说你们要辞去黑森的职务以及离开祖国去往别处,我是多么的痛心。

"当我悲伤地想到,卡塞尔将会永远地失去你们时,我总是找个理由安慰自己。这个理由便是，由于新的任命，你们对于整个德意志的功绩将会被发扬得更大。这一光辉哪怕有一缕光线将来能够照在你们出生的这片土地也是很好的。"

有点出乎意料的是，列伊亨巴赫伯爵夫人找她那身居高位的靠山为格林兄弟辩护，这之后，国王便怀着少有的宽恕的态度处理这件事。他要授予雅科布以第一图书管理员的职务，威廉为第二管理员的职务，但是他们都婉言拒绝了。这样的马后炮对格林兄弟来说完全是没有意义的。

他们也有接到赴慕尼黑的邀请，格林兄弟不再改变他们的决定了。

在卡塞尔的时候，他们一周必须工作的时间只有18个小时，所以是有足够的学术研究时间的。但是在哥廷根，他们每周不得不最低工作32个小时。

雅科布有时会身体不适，他很担心自己长时间地讲课会对嗓音产生影响或是气力感到不适。还有另一件事情使他有些忧虑，就是在讲课的时候，学生们是否可以仔细考虑问题的深度，以及他们是否关心科学研究中的细节，对于有20万册藏书的哥廷根图书馆来说，雅科布是否可以适应。

1829年12月，冬天来临了。他们应当在1830年初接任哥廷根图书馆的职位，然后第二年的夏天雅科布就要开始讲课了。

他们不会放弃在卡塞尔的房子，弟弟埃米尔的火车留在那里，他同女房东的女儿订了婚，并且很快就会举行婚礼。他们可以在那房子里面幸福地生活了。

在迁到哥廷根之后，格林兄弟最初的两个礼拜是住在自己的朋友格奥尔格·弗里德里希·贝涅克的家里的。贝涅克在哥廷根担任教授以及第一图书管理员，虽然他的年纪比格林兄弟要长很多，但是这并不影响他们的学术交流以及他们的友谊。

1830年5月，格林兄弟找到了一处满意的房子，他们把两个大房间用作工作室，从这里可以看到花园的景色，这是在休息时最好的风景。

格林兄弟也在花时间去熟悉新的环境，他们每天在图书馆就要待4至6个小时。

几个月过去了，格林兄弟的生活开始好转了，他们的朋友越来越多，认识他们的人都会热情地和他们打招呼。

在哥廷根大学有很多优秀的教师和杰出的学者，格林兄弟与他们建立了友好的关系。他们渐渐适应了这里的环境。

1830年2月，多尔特亨为威廉生下了第二个儿子鲁多利夫。这之后，威廉又有了女儿奥古斯塔。

1831年2月，威廉被任命为大学编外教授，同时还保留着图书管理员的职务。兄弟两人一如既往地密切合作。

生活有时就是如此，可以静得犹如深水，也可以犹如潺潺的小溪。无论怎样，只要是生活着就很好。

4. 哥廷根的生活

1830年7月，在格林兄弟搬到哥廷根的那一年，法国人民在巴黎街头举行了起义，他们要求民主自由。国王查理十世逊位，波旁王朝从政治舞台上消失了。

自由派的路易·菲力普公爵被宣布为法国的国王，人民再也不愿向专制统治妥协了，他们要实现自己的权利。

七月革命使德国人民都行动了起来，统治集团终于做出了某些让步。黑森侯爵国以及撒克森王国和汉诺威王国不得不向人民妥协，然后接受宪法。

在自由派和激进派演说家的演说里表现了共同政体的想法，这种情绪在掌政者的眼中是非常危险的，于是他们采取了反对政策，并实施了反对大的集会和示威行为的措施。

1833年成立的"德国关税同盟"是很大的成功，也是通过这一同盟，除了奥地利，大多数德国邦都在普鲁士的领导下，在经济上联合了起来。联合的意志是期望可以终止各个小国的分散状态。

当时的人们对能够得到真正的自由并没有抱很大的信心，人们宁可离开古老的欧洲了。大多数人都向往海外的生活，向往美国，希望在那里得到真正的自由，真正的幸福生活。

这样的海外旅行是不适合格林兄弟的，他们的路途也只能是在图书馆的书架之间，而选择这样一条路，是他们一直坚定的信仰。

要知道书本将他们带到了多少世纪前的那些遥远的地方，他们也在这些带有烫金书名的书脊背后看到了整个世界，世界如此之大，他们却畅游得相当快乐。

当然，工作中也有许多避免不了的琐碎的、无益的和官僚主义的东西。开始，雅科布还说："这个图书馆就像个轮子，我每天都要在这个轮子里转动整整6个小时，并且没有任何内在的工作乐趣。我要做的就是，找到一些书，将一些书放回原处，做这些事经常是跑来跑去。我们将全部英国史的目录抄到另外的卡片上，为了方便以后根据它编写新的目录。"

原有的手抄目录写得非常的密，一行接着一行，需要重新来写，而且这种工作真的是看不到头。另外，他们需要关注一些拍卖的旧书目录，寻找图书馆所需要的书，以备日后购买。在图书馆，总有很多零页的出版物，因为没有足够的时间去装订，就一直散着，之后要经过装订工人的装订和评论者的评论才能够被收录。

冬天的时候，工作的时间没有原先那么长了。当然，雅科布说图书馆是一只永远饥饿的野兽，真的是非常贴切。

1832年，为了使雅科布能够将更多的时间用于讲课，领导把图书馆午饭之后的时间给他空了出来。他现在只是在每个礼拜三和礼拜六到图书馆去，他的讲课任务也多了不少。

在这几年中，雅科布在图书馆工作、教学工作以及创作活动之间不停地转来转去，忙碌而又充实，当然更多的时候还是忙得有些累。

威廉的健康也不容乐观。在30年代初，当时的人民在对抗着警察和政府暴力，人民为了维护宪法的权利，在哥廷根实行了公共建筑的守卫制度。

1831年1月，还处在严寒的冬天，威廉有一次在图书馆守夜，却得了重感冒，体温一直很高，患了肺炎，处于危险之中。

雅科布对弟弟的病情感到异常的不安，他写道："在这些个难熬的日子里，我非常恐惧坐在桌子前，眼前全是他的书和手稿，那样看着他的东西，真的是很难过。他的东西总是摆放得井井有条，而且很整洁。有时我会产生这样的想法，如果转瞬之间，一切都成了泡影，那么我的一生将感到异常悲痛，我将一生怀念他。我不能这么写，我只能虔诚地祈祷上帝，祈祷他对威廉仁慈。"

只有每天规律地劳逸结合才有利于威廉的恢复。早晨5点多威廉就起床了，喝点水，然后出去散步调整。他午饭前后的时间都是在图书馆度过的，到了晚上，他说自己就像"一匹马，整天的工作量都驼上了"，真的很贴切。

在之后的时间，威廉的病情还是会时不时地复发。

在1834年至1835年的冬季就是这样的，这次他不得不停职半年之久。在恢复之后，威廉发现自己变成了一个孤僻的人，变得忧郁起来，连自己的职责都是机械式地完成的。

雅科布说："虽然上帝使他的身体恢复了健康的状态，但是他的精神沮丧、神经有些错乱，这种状况已经越来越明显了。"

1835年，威廉被任命为哥廷根大学的编内教授，这样他就具有了与哥哥同等的地位。现在可以期望，这将给他更大的动力，使他恢复对生活的希望。

格林兄弟作为大学教授已经享有很高的声誉了，像日耳曼学这样一门年轻学科的大学教师，在当时是需要克服很多方面的困难的。

教科书和各科文本以及参考书都不是很完善，包括古代文本的出版也才刚刚开始。即使像雅科布这样掌握了很多材料的资深学者也不得不承认，每一个小时的课都需要做新的、很认真的准备。

现在一个大教室有几百个学生听课，教师和学生之间的联系和接触比较少，而以前，一个班只有二三十人，最多四十名学生。

有一次，雅科布还曾对拉赫曼说："我已经计划好的关于奥特弗里德的课程没有讲，因为连二十名学生都没有，所以真的很难开课。开始报名的时候只有七名学生，后来又来了两个，而这个礼拜，当我把它抛之脑后时，又出现了两个……"

雅科布在讲课的时候，从来不掩饰自己的感情，他总是从容而自然。有一次，他的弟弟病了，他就突然中断了课程，默不作声，像是在考虑什么事情，默默地，过了一会儿，跟同学们道歉说："我弟弟得了重病。"

1830年11月13日，在就职时他所发表的作为传统经院式的演说，完全是一种官方的演说。他是用拉丁语做的这个名叫"思念祖国"的演说。在这里,他经常怀想自己的祖国黑森,在演说中,他也流露出自己对家乡的万般怀念,身处异乡,是语言让他时常想起那种熟悉的亲切感。

雅科布的课程渐渐吸引了越来越多的学生,在1833年的时候还有两个英国人听了他的语法课,虽然他们只懂得一点点的法语。

1834年的时候,雅科布已经给32名勤奋的学生讲课了,他每周会讲四课时的文学史,听课的人数高达58人,这在当时已经算是很多的了。

由于雅科布的大量著作,他还获得过当时的特殊官衔—戈弗拉特,相当于一个七品文官。

威廉的病使他不得不花更多的时间和精力来备课。一贯沉稳的讲课方法还使他获得了优秀教师的荣誉。威廉讲的第一课是《尼伯龙根之歌》,来自于他的《德国英雄传说》。后来他还讲了史诗《谷德仑》和弗赖塔格的《理解》,它是13世纪初出现的一部很好的作品。

威廉把纯语言的问题留给了哥哥,而他就研究自己非常喜欢的诗歌作品。在论历史和诗歌作品关系的引言中,威廉说:"诗歌作品,是为了表达感情的高度和认识的深度而给予人类的最初的、最简单的以及最好的工具。诗歌作品,是人民用自己的精神成果所丰富的一座宝库。"

格林兄弟的学术道路在所谓语言的奇迹上又走到了一起。

第六章 那些在哥廷根的记忆

1. 哥廷根年代的生活

在来到哥廷根的前几年，格林兄弟确实遇到了不少困难。他们要从三个方面进行工作：首先，他们的主要工作地点是在图书馆，然后，作为教授，他们需要在大学讲课，最后，他们希望有足够的时间进行学术研究。

格林兄弟已经习惯了在安静的条件下，有成效地进行工作，所以刚来到哥廷根的时候，他们对这样的安排感到紧张并且进行得十分忙乱。

后来，他们将更多的精力放在教学和研究工作上面。

1833年5月，天空阴云聚集。威廉的妻子多尔特亨为了帮助临产的洛塔料理家务回到了卡塞尔，严重的流感使洛塔病倒在床上，后来病情还恶化了，洛塔得了肺炎。小孩早产了，不过总算是活了下来，这一点还是令人松了一口气。

洛塔很虚弱，大家也为她担心着。有了多尔特亨的悉心照顾，她慢慢恢复了起来。可是，在这个时候，上天像是一个喜欢开玩笑的人，多尔特亨被传染上流感，而且病得挺严重的。

在多尔特亨慢慢恢复的时候，洛塔又发了高烧。洛塔静静地躺在床上，大家无力地看着她与疾病斗争，命运总喜欢追逐弱小的人，1833年6月15日，洛塔离开了大家。

她就这样将四个幼小的孩子留给了丈夫，她像是在重复母亲的命运。

我们也不得不想，什么才是宿命？

威廉为妹妹的逝世深感震惊，他写道："人心这个东西是很奇怪的，也是很难理解的，而现在我比任何时候都深切地感受到，爱，是唯一值得纪念的，即使其他的东西都消失了，它也依然存在着。"

洛塔被埋葬在卡塞尔母亲墓地的旁边。

还好孩子们都很健康，这算是一个安慰吧。多尔亨特在给才出生的孩子做完洗礼后，又回到了哥廷根。

对于格林兄弟来说，这是一个不小的打击。或许只有每天充实的工作以及亲人间的相互关心才会使他们战胜痛苦并且保持镇静而努力地活着。

后来，格林兄弟发现，新技术在不断地进入日常生活，使生活变得越来越简单化了。新出现的钢笔，使得他们再也不需要使用鹅毛笔了，不久前出现的火柴，方便了他们点灯。这些都是小事，可是就是很多这样的小事，使得人们的日常生活变得不一样了。

1835年，在德国纽伦堡和菲尔特之间第一次铺设了铁道，这件事轰动一时，人们惊讶于如此迅速的改变。

当时德国的经济学家弗里德里希·李斯特已经开始制定德国统一的铁路网计划了，各个城市之间以及欧洲各个国家之间的距离缩短了。

在19世纪30年代初，如果你要从一个城市到另一个城市去旅行，是不得不坐祖传下来的旧式驿车的。

雅科布描述自己曾经去德国南部的一次旅行："我又一次坐着二轮轻便马车走了一段不长的路程，我一直坐在马车的前面。我能看到前边跑着的马匹和邮递员，他们开始时穿着红色的礼服，后来就穿着蓝色的礼服，最后变成了黄色的礼服，每个人都带着号角，号角在他们的背上合着马车前进的节拍不住地往上跳动。"

经过德国南部到瑞士去的旅行要走好几个礼拜。不过对于雅科布来说，这样的旅行是相当难忘的。

1833年，难过的夏天总算过去了，威廉开始准备旅行。他想再一次去欣赏诗歌中所歌颂的莱茵河。他赞叹道："当我再一次看到莱茵河以及它那令人沉醉的两岸时，我的心情真的难以形容，它那肥沃的土地和茂密的树木真的很让人赏心悦目。在一个美好的傍晚，我们坐在约翰尼斯堡古城的阳台上，喝着莱茵葡萄陈酒，真的有幸福的感觉。"

现在我们又要回看当时的国家状态。在一切思想仍然受到压制的德国，科学的迅猛发展带动着文化冲击着周围的一切。

慕尼黑的图书管理员兼教授安德烈阿斯·什麦列尔在格林兄弟的学术著作的基础上编写了《巴伐利亚语词典》；弗里德里希·吉茨根据格林兄弟的语法著作，研究拉丁语系文学，并于1836年开始编写《拉丁语系语言语法》；在1834年，兰克发表了《罗马教皇》一书。历史学科向前迈了一步。

1831年，格拉别再现了《拿破仑的一百天》，同一年，格里利帕尔采尔的《海洋和爱情的波浪》出版了；1832年，列脑还出版了一部凄凉的《诗集》，麦里克出版了《艺术家诺利坚》；1833年，涅斯特罗伊把《恶魔鲁姆纳齐瓦加邦杜斯》搬上了舞台；1834年，拉伊蒙德创作了《浪费者》，比尤赫涅尔的《丹顿之死》又使人们想起了法国革命的事件。

格林兄弟一直以为后代保留人民在几千年当中所创作的语言和文学珍品为生活的目的。他们的劳动成果有为《哥廷根学术论丛》所撰写的一系列学术论文。

尽管雅科布在哥廷根期间一直很忙碌，周旋于大学和图书馆的工作，但是他在到哥廷根的第一年就开始搜集《德语语法》第三卷的材料了。

1831年末，第三卷出版了，和第二卷类似，这一卷也是研究构词法的。

雅科布会谦虚地对待自己的成果，在工作中，他已经学会用自己的翅膀飞行了，也就是说，他的著作已经形成了自己的独特风格。

雅科布计划在《语法》的下一卷研究句法，他对这一部分提出的明确要求是："如果只是研究13世纪，就我们所要面对的工作来说，至少还要出版十万首诗，并且是要人人懂得的。而现在单单就这一点资料，在编写德语历史语法时会不可避免地出现很多的错误和缺陷。"

雅科布知道，材料的缺乏使得他不能够将问题研究透彻，而他那敢于探索和开拓的精神使得他能够走前人没有走过的道路，即使要冒很大的风险。

在古典语言占统治地位的时代，雅科布使得德语具有了与古典语言同等的地位。

《语法》第三卷没有前两卷的容量大，但也有800页。在这一版出版后，雅科布就把这项工作暂时搁浅了下来，去研究另一个他感兴趣的问题。

狐狸列伊涅克的故事从1811年起就引起了雅科布的关注，他在各个图书馆搜集相关的资料，不仅是在德国，还有意大利以及法国，他都会搜寻各种手抄本，并且从中作摘录。

在哥廷根，雅科布一人重新研究起这部著作，并将其完成发表。在《狐狸列伊涅克》中，将罗马的中古高地德语和中古低地德语中，关于狐狸的故事都搜集并整理了进去。

这本书是在1834年出版的，这之后，雅科布就对动物题材的作品比较有兴趣。在9月的时候，为了搜集狐狸列伊涅克和狼伊泽格里姆的有关资料，雅科布还去了巴黎一趟。

1834年，雅科布给莫伊泽巴赫写信说："正如你所知道的，神话之子正在我的心中成长，不过我只能在每周三和周日的上午以及午饭后才能研究这个问题，所以要使得它出版，不知道还需要多久。"

但是，并没有过了很久，这个不给自己喘息机会的不知疲倦的劳动者，就将这部书交付印刷了。他的这部书与《语法》一样，不等全部手稿写完，就一个印张一个印张地交给出版社了，最后，在1835年，这部书出版了。

这部书中展示了许多非常富有诗意的古代美丽神话。奥金和多纳尔、巴利杜尔和洛基、齐乌和格伊姆达尔、弗列伊亚、霍利达和别尔赫塔以及古日耳曼神话中的其他诸神，都被描绘得非常生动。

还有许多神怪：诺尔内、瓦尔基利亚女神、天鹅姑娘、人鱼公主、女神、水怪、爱尔菲、矮子、巨人，还有恶魔、女妖、幽灵和巫师，都变得真实起来。

许多童话就是这样获得了新的生命，在这些神话中还保留了古代民族对各种现象的认知。例如：对于创造力、对于自然力、对于动植物的起源、对于日夜交替、对于死亡、对于命运还有救赎等等。

这部书成了推动许多研究工作的一门新的科学，也就是神话学。后来还有很多诗人和艺术家在这部书中寻找灵感。正如日耳曼学家舍列尔所说的，我们可以从这部书中"得到极大的享受"。

雅科布在这部书的出版前言中阐述自己的目的："为了比较古老的、现在仍不被人注意的、比较晚期的资料，我努力在著作里证明：我们的祖先，直到偶像崇拜的时代为止，也没有用野蛮的或是粗鲁的、没有规则的语言说话，而是用灵活的、发达的、从远古时代就适合于诗歌的语言说话。

"他们也没有过着混乱的、野蛮的或是乌合之众的生活，而是根据自古以来就保留下来的、正义的、合理的、自由联盟的生活，遵守着一定的习俗。

"在这样一种情况下，我还是想用同样的而不是别的什么方法来证明：他们的心中是充满对上帝和神的敬仰，他们是虔诚的……"

雅科布在自己的作品中还提到了塔西佗，他还替日耳曼诸神取了拉丁名字。雅科布对塔西佗的创作非常了解，他曾在哥廷根大学讲过关于罗马作者的课程。在出版《神话》的同一年，雅科布还做了出版塔西佗的《日耳曼地方志》的准备，这也算是他主要工作中的一项"副产品"。

在《神话》和《日耳曼地方志》出版后，1835年10月，出版者季捷里赫就让雅科布做出选择：要么编写《德语语法》的第四卷，要么再次修改第一卷。在冬季到来的时候，他便一面讲课，一面着手编写《语法》的第四卷。

在1837年10月，他将印好的书赠给朋友们，同时，他还在考虑，把这本书作为纪念格哥根大学成立100周年的献礼。

在艰苦的语言研究过程中，雅科布暂时还没有喘息的机会，他曾经写道："傍晚，当旅行者把荒凉的原野抛在后边，离开炎热的白天，在回家的小径上一面走，一面将身上的尘土抖落到露珠上，这时的脚步是轻松的。我想，在写作品的结束语或是在报告已经完成的时候，我们便会想起读者，而在创作的过程中，由于太过投入于思考，我们便不会考虑他们了。"

有点像在总结自己研究多年的德语语法的工作，雅科布写道：

"凡是从事德语研究并有足够的力量将这种研究继续下去的人，会欣喜地发现，我们民族的性格和历史是如何反映在我们民族语言的性质和命运中的。"

"我想这里存在着两个基本对立的且能突出体现德国智慧的特征：一方面是对于传统事物的迷恋，另一方面是对于新鲜事物的敏感。德国人不愿意放弃他们天性中所固有的东西，他们时刻准备着吸收精神上的一切。"

对于这本关于句法的书，雅科布也是这样编写的，一方面高度评价已有的东西，另一方面还认真关注着新生的事物。

雅科布想引用他那个时代的经典文学和浪漫主义文学的例子作为实证，以便更好地说明"德语语法的高峰和辉煌的成就"，但是他没有能够做到这一步。

在第四卷的前言中，我们似乎感觉到了某种悲观的情绪。

"不是工作的愿望减少了，而是信心。当我们在语言的森林中开始探索和铺设最初的几条小路的时候，我对成功是满怀信心的，而现在我把船修了一半，它还不能够出航，我还得用缆绳将其拴在水中好长时间。"

雅科布想探索无限的东西：单枪匹马地去完成语言学家几代人才能够完成的东西。他有这样的天赋，正如罗曼·罗兰所说的，这种天赋使米开朗琪罗都不得不用雕刀雕刻整个峭壁。

有天赋的人能够使自己的作品达到完美的程度，但是天才性质的作品同它的构思对比永远只是些片段。没有完成的东西依旧存在，并且还会不断有新的东西生成。"没有完成的交响乐"在激励着后代去做进一步的研究。

雅科布教人们研究古代语言之间的联系，并从这里对早已消失的民族的生活做出一些推断。按照舍列尔的说法，他善于利用比较词源学作为完善研究远古历史各个重大时期的望远镜。

威廉虽然没有创作出成千上万页的著作，但是他以极大的兴趣注视着哥哥的工作。在哥廷根年代，威廉时常生病，然而即使是身体的原因，他仍然坚持做了很多的工作。其中包括出版古代和中古高地德语的诗歌，从而使得这两位教授兄弟的学术威望大增。

在1812年，格林兄弟合作出版了《希尔德布兰特之歌》，这是一部古老的日耳曼英雄史诗。1829年底至1830年初，在离开卡塞尔之前，威廉又一次研究了它。他说："希尔德布兰特的片段是现在以这部手稿形式存在的，并唯一流传到我们这个时代的卡格林王朝时代史诗的古代文献。"

威廉希望尽可能准确地再现原文，以便将这部作品流传下来，防止真本遭到破坏和遗失。在1813年，一枚手榴弹落到了图书馆的大厅，这一事件给了威廉严重的警示。

9世纪初所写的手稿后来都用石印法复制了下来，100年后，1938年，出现了用现代方法所完成的真迹复制版本。1945年《希尔德布兰特之歌》丢失的事实证明了威廉的担心并不是多余的。经过一段时间后，这部手稿被通过各种途径送回到卡塞尔，而且也只是部分手稿，不是全部。

1836年，威廉发表了描写季特里赫的英雄史诗列传之一，即《玫瑰花园》。这是一个描写齐格弗里德和季特里赫两人在克里姆希利德所守卫的沃尔姆斯旁边的玫瑰花园前进行厮打的故事。

威廉发现了这部15世纪关于玫瑰花园的无名史诗文本，并细心地将其抄了下来。他想把这个文本改成一部通俗的科学作品。那篇论述中世纪诗歌产生和发展的序文极大地丰富了这部作品。

这些作品是在哥廷根的时候发表的。威廉在补充和修订第三版《童话集》的工作中，承担了主要责任。

1836年，他写信给波恩语文学教授弗里德里希·戈特利勃·维利克尔说："我正在埋头于扩大童话集新版的工作，在这个版本中，将会有某些更新，还有许多方面要得到修改和完善。"

威廉不得不一个人完成这样的任务，因为雅科布的工作负担已经很重了。

《童话集》的第三版于1837年出版了。威廉在《哥廷根·学术论丛》上就这部刚出版的《童话集》写道："这本书出版了，在25年当中，我们没有谁放弃过对它增补的机会。现在这个版本不仅扩充了一系列新的童话，还对许多已经熟悉的童话进行了一些完善的修改。"

从第一部《童话集》出版到现在的第三版，已经有四分之一个世纪过去了。在这期间，《童话集》已经有了外文的版本，其中包括英文和法文。

在这之后，无论是大本的，还是小本的，《童话集》的版本越来越多，到1886年，大本的已经有了21个版本了，小本的是34个。

到1837年底，格林兄弟不仅在孩子们当中，还在那些保持有童心的成年人当中，拥有了自己的读者。

这些童话赋予了他们再一次的生命，我想这样的生命之火是永远不会熄灭的，并且会越来越旺盛。

2. 哥廷根七君子

格林兄弟所经历的事情以"哥廷根七君子"事件载入了史册。

根据维也纳会议的决议，宣布建立哥廷根所归属的汉诺威邦与大不列颠合并。1830年，威廉四世做了大不列颠、爱尔兰和汉诺威联合体的国王。

19世纪，在德国各邦广泛开展了争取宪法的斗争，斗争成功了，国王于1833年批准了汉诺威宪法。这意味着国王专断和绝对权力不再受到法律的保护，而且在君主和臣民之间也建立了法律关系。

1837年，威廉四世逝世，没有指定的合法继承人。因为国王的过世，大不列颠和汉诺威的合并也就终止了。威廉四世的弟弟奥古斯特得到了王位。

这位新的统治者并不考虑他哥哥在全国所确立的宪法自由。国王对国家职员宣誓效忠宪法的行为并不感兴趣，当然，格林兄弟作为哥廷根大学教授也是国家职员中的一员。

奥古斯特来到汉诺威时，不愿意进行宣誓，相反，他还拖延召开根据宪法所选出的代表大会。大家知道国王不受拘束的性格，对此人们也感到很不满意。

7月初，仅仅在一周之后，奥古斯特就发布命令说，在他看来，对于国王，宪法是不必要的。他以他固有的狡猾手段宣称："我相信汉诺威臣民依然热爱并忠诚于自己的君主，我也相信，我所爱的臣民将以平和的心态对君主的善良愿望抱有充分信赖的态度，并且能够对上述问题配合垂询。我也坚信，在垂询期间，君主一定会顾及我们共同的幸福以及国家的繁荣和平。"

奥古斯特所称呼的是臣民，而不是国家的公民。负有维护宪法使命的大臣们，为了保住自己的位置，都沉默着，不敢反对。在之前，他们也宣布过，国王是有权取消宣誓的，那么，现在还谈什么维护宪法呢？国王之前就已经得到了顺从他的人的支持。

有人证实，1833年所制定的宪法是不合法的，尽管社会上愤怒的舆论四起，并且普鲁士和奥地利也发出警告，但是这都没能阻止奥古斯特在1837年1月1日废除了1833年的宪法。奥古斯特还强制实行对他更加有利的1819年的宪法。

这显然是君主破坏了法制，他当时所说的话是甜蜜的，但是包裹里却尽是欺骗和奸诈的诡计。此时，他甚至还宣称："我既然已经否认了宪法对于我是可行和必要的，那么我当然不能与依照该法所选举的代表进行谈判。所以，我将解散代表大会，并宣布1833年的宪法从此不再生效，这也是我作为一国之君的责任。"

真是令人大失所望！

社会的舆论为之哗然。难道国王就有权利取消人们对上帝的宣誓吗？愤怒笼罩了哥廷根大学，在这里，大家已清醒地觉察和认识到国家所发生的一切。学生们也要求老师以实际行动维护他们的原则。

雅科布也为所发生的事情感到气愤万分，他写道："公法老师和政治老师应当从自己的信仰和科学研究的最纯粹的源泉中获得社会生活的原则。历史老师应当不厌其烦地说明宪法和政府对于人民的生活会产生怎样的影响，要知道幸福和痛苦有时真的是一步之差。

"哲学老师应当用历史上的实例证明，人民自由和压迫人民对诗学的发展甚至是语言状况产生怎样的影响。至于渴望揭开宗教和自然界秘密的神学，甚至是医学，应当是促进青年人对于神圣、纯朴和真正事物的需求和向往，这是毋庸置疑的。因此，可以想象，听到废除国家宪法的消息后，大学是多么地震惊了。"

科学不仅是教给人真理，在必要时还应捍卫现实生活中的真理。

当然，教授们本身的表现也是不一样的。国王破坏法律，他们对此一定是不满的。有几个年老体衰的不希望自己会遇到一些不愉快的事情，还有一些人会表现出完全冷漠的态度，他们还是宁可关心自己的利益。有一些傻瓜竟然还会认为，失宠于国王是难以忍受的不幸。

这些卑躬屈膝的人为了证实自己的沉默是正确的，还向他们的同事列举各种各样的虚伪的理由。

有人认为，在这个关键时刻，应该考虑的或许不是整个国家，而是大学的威望。大多数的教师也都清楚，大学正处于十字路口的阶段，大家能做的，要么是屈从于国王的操纵，要么就理直气壮地反抗起来。

后来，许多教师放弃了自己的观点，还有一些人就完全胆怯了。在这样的情况下，只有几个人坚定自己的观点，笃定自己，不顾个人的安危和利益，只是为了忠于自己的原则。

在大多数官吏都保持沉默的时候，七教授决定采取大胆的行动，对国王的行为表示抗议。

也正像雅科布所说的："在这个折磨人的、经过反复讨论且持续下来的局势中，几个保持着自制力的人终于决心冲破这个好像冰层一样无限蔓延且可耻地笼罩着全国的沉默僵局。"

1837年11月18日，七教授的抗议信被送到了大学国王监督委员会。学校的七大学者都各自得出了确信的结论，法律应当依然是法律。他们在抗议信中表明，国王不应该废除1833年宪法，这是犯有破坏宪法的罪行的，签字人也不应允许法律在强压下被取消。

他们还写道："国王的义务是公开宣布，今后应该矢志不渝地遵守对国家宪法的誓言。"他们还坚决宣称，不仅是他们的科学成就，还有他们自己本身在学生眼中也是清白无瑕的，学生们信任他们，也只有在这样的条件下，才能够很好地教育青年。如果连教授都是以异常轻率地背弃自己誓言的形象出现在学生面前，那么他们的劳动也将是无益的。

哥廷根七君子是：历史学家弗里德里希·克里斯托弗·达利曼，法学家威廉·埃杜阿尔德·阿利勃列赫特，雅科布·格林，威廉·格林，文学研究家格奥尔格·戈特弗里德·盖尔维努斯，东方学家格奥尔格·根里希·埃瓦利德和物理学家威廉·埃杜阿尔德·维勃。

他们认为，为何不能公开对专横的行为提出抗议呢？当然，他们也知道历史的教训中，向国王说明真理，很少会带来好运，大多的劝谏都会遭受残酷的惩罚。但是，教授们就是要做那些为真理而战的斗士，即使会遭受痛苦。

国王非常生气，他来到离哥廷根不远的一个供打猎的城寨罗坚基尔亨，以便从这里去开导那些野蛮且难以驯服的教授们。

那些签署抗议书的人们应当负责调查这一案件的委员会受审，七个敢于反抗的教授都大胆承认了自己的签名。

12月11日，在给大学监督委员会的信里，他们又一次证明了这一事实："我们毫不隐瞒，我们也使我们的亲人、朋友和同事相信，我们是在法律的基础上完成最后的坚实一步。"

当然，如果力量是在国王那一边，那么法律算什么？

1837年12月11日，国王下达命令："抗议书的作者宣称不臣服于我，不臣服于其合法的国王和主宰。上面所提及的教授似乎还不懂得一个真理，国王就是唯一的主宰，并且就职宣誓一事只与我有关，与他人无关。我拥有免除宣誓的权力，这些人以其声明彻底断绝了与我之间的君臣关系。因此，这些人离开所在的哥廷根大学国家教席之职，也是必然的。

"因为我负有神圣的职责和天命，所以我不允许忠于上述教授的人继续占据极负声望的教授之职，所以我作为国王也有充分的理由担心他们将逐渐并且不遗余力地破坏国家的基础。"

国王不得不一方面想着天命的借口，以遮掩他个人专断的恶行，另一方面，他还故作姿态，认为七教授的抗议书使得国家的基础受到威胁。国王与国家是统一的，特别是对于奥古斯特来说，国王即是国家这一点是不容置疑的。

12月12日，国王继续发布命令："达利曼、雅科布·格林与盖尔维努斯为这次事件的主谋者，他们必须于接到停职通知书之后的3日内离开汉诺威王国。如果被放逐者违反此期限，根据法律的严格规定，他们将会有被追捕的危险。其他被停职的教授，如果表现绝对安分，将允许继续留居哥廷根。"

此时的雅科布已经53岁了，威廉也52岁了，他们参加完抗议后，将会失去一切：地位、工作和生活费用，并且还背负着被驱逐者的黑名。被学生敬爱的教授在这样的年龄，因为自己内心的责任感而遭此横祸，悲惨真的难以想象。而没有财产的人，在这个年龄便很难找到新的生活出路了。威廉已经有了家室，而雅科布没有学术研究工作是不能生活的。

家庭与工作都受到如此沉重的打击。格林兄弟用自己的行为向全世界证明了，他们不是脱离生活实际的学者，他们研究严谨的科学，没有将自己置于生活现象之外。

他们已经年逾半百，这种勇敢的献身精神值得世人尊敬。

"哥廷根七君子"的抗议在当时的德国学术界史册上是一起光辉的事件，而奥古斯特则是一个无比可耻的人物。

"哥廷根七君子"有着为法律观念献身的决心，他们无所顾忌。达利曼代表全体被停职的人员对学生作的告别演说也很好地说明了这一点。

"我们刚刚接到国王陛下解除我们职务的通知，因此我们必须停止授课了。如果诸位学生真的对我怀有热爱之情，那么我请你们安静地散开并遵守法制，以此来证明你们是非常珍重仅剩的我与你们一起的几天。"

达利曼开始时想在萨克森找一个栖身之地，盖尔维努斯则前往达姆施塔特。雅科布则决定在期限内离开这个国家，他回到了自己的故乡卡塞尔。他的弟弟路德维希·埃米尔在那里，他也爱那里。

1837年12月17日，距离圣诞节没有几天了，一辆马车离开了哥廷根。大学生们是站在自己教授这一边的，他们本来想给教授送行，但是所有的马车在这几天被禁止租给学生。但是，仍然有几百名学生冒着严寒，在教授们临行的前夜就沿着通往边境的道路慢慢地走了。

黑森的侯爵领地离汉诺威王国不远，贝拉河成了两国之间的天然国境线，学生们就在贝拉河桥上等候教授们的到来。

将近中午时分，大家才看到马车，学生们大叫着，用响亮的欢呼声迎接自己的老师们到边界，他们投掷花束，高唱爱国歌曲。

教授们深切地感受到了学生们的热情。分手的时间到了，学生们依旧精神振奋地踏上归途，他们是往哥廷根去，他们没有失去希望。

马车继续行进着……

3. 不屈服的抗争

雅科布这次回来有着两种不一样的感受。一方面，他为自己的行为感到自豪，虽然他为此付出了高昂的代价，但是却因此赢得了人们的支持；另一方面，他为自己的这次归国感到痛心，他再次回到了八年前的住地，这里还有着他成为侯爵非正式行为牺牲品的黑色回忆。

一个出版过《古代德国法律》的人，却没有受到过任何法律的保护。

雅科布不是作为什么"七品文官"或者是阁内教授回国的，而是作为被驱逐者回到这个熟悉的家里的。

当他越过国境的时候，一个老太婆还对自己的孙子说："来，和先生握个手，他是一个逃难的人。"

当他回到家中时才明白，当地政府完全不愿意在故乡接待他，政府也害怕因为他而招来汉诺威国王的不满和愤怒。

对于那些失去职位的、被驱逐的教授来说，唯一值得安慰的就是：他们的行为在臣民中，特别是青年学生中，得到了同情和支持。在德国的大范围内，对于当局不满的情绪也越来越高涨了，德国人民的政治良心在渐渐被唤醒。

雅科布回到卡塞尔后，很多人来向他表示慰问和同情，国外的朋友也都对此表示了支持。

莫伊泽巴赫从巴黎给威廉一家写信说："我不能再拖延了。我要向你们表示自己最亲切也是最诚挚的问候和同情。在生活中，无论发生什么情况，请你们相信我的真诚。如果你们，我亲爱的被驱逐者们，能够在这里过圣诞节就好了。我会为孩子们点燃我们刚刚装饰好的圣诞树上的蜡烛。"

就是类似这样的同情和理解帮助格林兄弟度过了这个困难时期。对于被解职的教授来说，某些身居高位的人，能在公众面前对汉诺威国王的行为进行谴责，也是很重要的。

萨克森国王就曾发表过声明说七位教授是他的王国所期待的客人。

在德国的许多城市，像莱比锡、柏林、耶拿、马尔堡，还出现了"哥廷根协会"，他们为支持七教授还进行了募捐。

之前雅科布还犹豫不决，他不知道是否应该接受这些协会募捐得来的钱。后来，达利曼写信给他，告诉他不应拒绝那些真诚的和善意的同情，达利曼还说，在德国还没有发生过这种事情，每一个参加我们事业的人，都会因此而跟我们走得更近。

在卡塞尔，雅科布还是想在书桌上寻求安慰，但是他很难一下子就将那些混乱的思绪整理清晰。雅科布也知道，朋友们的热情会很快过去的，而之后，新的事件和新的问题将会把"哥廷根七君子"的事件推到一边，他有着一种前途未卜的惶恐。

威廉暂时还是留在哥廷根的，由于国王的"开恩"，他没有被立即驱逐出国。在哥廷根，威廉也经常感受到朋友们的关怀。

神学家格奥尔基·舒尔茨写信给威廉说："我很抱歉没有任何东西能够帮助到你，这件事也使我感到非常痛心。请您不要认为，没有在汉诺威王国为您募捐就是对您的漠不关心。监狱不是人住的地方，而君主永远是正确的，因为他永远能够借助刺刀来证明这一点。"

几个礼拜过去了，虽然那些认识的和不认识的朋友们的善意同情给了他希望，但是他对今后自己的生活依旧感到迷茫。

1838年的前几个月很快就过去了。在社会舆论的鼓舞之下，威廉写道："我感到这个时期是我生活中最幸福的时期，我是如此深刻地认识到一些从未想到过的爱和真挚，这些都将在我的心中保留到生命的最后一息。也只有在这样的时刻，我才有真正的信念，我所了解的好的事物是远远超过我痛恨的事物的。"

威廉是一个浪漫主义者，他对粗暴的政治现实感到非常痛苦。而雅科布对统治者们的倒行逆施并没有感到非常惊讶，因为他在担任黑森驻巴黎和维也纳的外交代表团秘书时，就看透了老奸巨猾的政客们的伎俩。

雅科布想描述出所感受的一切，就像是可以卸下某个重荷，然后开始探索未知的道路。后来，雅科布在几天内写了《谈谈我的解职》，在书面叙述之前，他还引用了《尼伯龙根之歌》中的一句话："宣誓又怎样呢？"

雅科布不愿意把自己被解职和被驱逐的历史纪实束之高阁，社会公众有了解它的自由。他不需要公众的掌声，他只是单纯地想开诚布公地说明自己的行为。他知道，这不仅对大学的历史，对整个社会历史都是有着一定意义的。

但是，雅科布的这条道路走得也不是很顺畅。他遇到了另一个困难：在德国的任何一个邦要出版他的那篇手稿，几乎是不可能的事情。

在之前，哥廷根七君子中的达利曼、阿利勃列赫特和埃瓦利德以书面的形式阐述了自己的观点。对于达利曼的文章《关于我们的相互了解》，萨克森的书报检查官不敢直接肯定地给一个"是"，他把它转到书报委员会去审查。后来稿子又被交到了内政部，再到公共事务部，最后据说由德国各邦联盟决定，"手稿侮辱了德国各邦宪法和行政当局，所以不宜发表"。

达利曼对雅科布的稿子非常感兴趣，虽然他对这一措施能否成功持怀疑的态度，但他还是决定先把它交给萨克森的书报检查机关试试看。

很快，达利曼就将稿子拿了回来，他说，把解决这件事的权力交给如此低能和卑贱的人，真的是十分可悲。

或许可以试试在德国的其他邦发表这篇稿子，哪怕是符腾堡，只要它能够发表就好。或许，那里的检查官没有这么严厉。最终，手稿是在瑞士和巴塞尔付印的，在1838年问世。

雅科布和其他教授都期望，这个薄薄的小册子会有几本落到德国南部，然后从南部再传到北方。后来，这个小册子真的在莱比锡、汉堡、法兰克福以及其他一些城市出现了。这让他们感到惊喜，也给了他们更大的希望。

开始时在哥廷根，当局要求购买者将书都交出来，后来，允许不交出书，但是要写一个由本人签字的特殊声明。政府当局想用这个办法使可能的敌人暴露出来。可是，谁又敢走到这一步呢？

在经受了这一系列的事件之后，格林兄弟想休息休息了。

1838年的夏天，雅科布去往法国，他在途中还拜访了达利曼夫妇，达利曼夫妇在巴德基辛根疗养区休养。

雅科布坐着驿车，沿途美丽的自然风光给了他安慰，他将自己的心境变得清澈，他搜集了大自然的力量，将它们转化为精神和力量。河谷、森林和牧场，这些景色都令他心旷神怡，他的心渐渐恢复了平静。

6月，雅科布给弟弟威廉写信说：“午饭过后，我坐上了去往菲尔特的火车，10至12分钟就可以抵达了。这是一个与旧纽伦堡迥异的新的繁华城市，它在很多方面都显得优越。我累了，在等待回去火车的时候，我在菲尔特附近的一片桦树林中休息了片刻。火车上，车轮发出轰轰隆隆的声响，它走得真的很快。”

旅行结束后，雅科布回到了卡塞尔。他与威廉也再次见面了。

他们一起来到母亲的墓地，石碑上布满了青苔，由于风雨的侵蚀，石碑有些损坏，时间的味道留存在上面，散不去的不仅仅是思念，还有无尽的爱。

他们实在不愿回想八年前的他们为何离开卡塞尔图书馆，记忆中保留的那些，也是斑驳的。而现在，他们重新回到这里，回到这个熟悉的地方，他们明白，时间改变了太多，很多东西就永远随着时间飘去好了，他们还有现在，还有将来，路，可以慢慢走……

第七章 在柏林的理论和研究

1. 词典的编纂工作

1838年过去了，德国社会依然关注着七位教授的命运。他们依旧会收到不同的人的来信。

卡塞尔的街道很整洁，景色也宜人。经常有朋友来格林兄弟的住所拜访他们，有时候雅科布还发发牢骚，说朋友们经常来，都影响他的工作了，而威廉是比较善于交流的，他愿意接待不同的朋友。

在被解职的第二年，雅科布与安德烈阿斯·施麦勒出版了《十和十一世纪的拉丁文的诗》一书。这里收录了三部作品，分别是叙事诗《铁腕瓦里特里》和《鲁奥德利卜》以及动物世界的寓言历史《俘虏逃跑》。

雅科布认为关于瓦里特里的叙事诗具有真正史诗的魅力，《鲁奥德利卜》的艺术魅力使他赞叹不已，《俘虏逃跑》则增补了动物的诗篇。

雅科布依旧是个醉心于研究自己喜欢的题材的人。

在解职后几天，威廉就说："虽然我失去了公务时间，但是我要出的这一本关于12世纪诗歌作品的书，最严厉的检查官也不能够改变书中的任何一个字。"

那些过去在学者们的作品上随意就画上红叉的检查官们，对《罗兰之歌》一字未勾，这部古代文学作品在许多世纪前就出现了。检查官们看过后，认为威廉的故事没有危害性，故事本身也没有对现实的影射。

之前人们只知道这部作品的一些片段，威廉在重版的时候，遵循的是宫廷的版本，还采用了一些其他版本。

1838年3月，莱比锡的日耳曼学家兼古典语文学家莫里茨·哈乌普特和魏德曼书记兼出版家卡尔·拉伊莫和所罗门·希尔采列建议雅科布来完成出版《德语详解词典》的任务。

开始，雅科布自己都拿不定主意，他还给拉赫曼写信说："工作看起来是可以完成的，不过真的十分费力。我没有研究这个的想法，再加上我的知识也不足，手头还有一些其他的工作。《语法》正在修订，即将完成。新版第一部出版人已经折磨了我两年，我还要在所有其他工作之前对语音进行全部修改。"

拉赫曼却对雅科布的疑虑表示了异议，他认为能够编写这样一部包罗万象的词典的想法是非常好的，是值得肯定的。当然，不管是雅科布还是威廉，在从事这项工作之前都应当进行多方面的考虑。要知道，这里所说的一部德语词典，并不是我们日常用的袖珍读物，而是一本真正的百科全书。

说明德语科学基础的最初尝试是在16世纪，在这之前，语文学家的研究也只是停留在古典语文上面。在路德翻译《圣经》的影响之下，人们才开始更加庄重地对待德语。

宗教改革的支持者埃拉兹姆·阿利勃在1540年编了《新德语词典》一书，为德语词典的编写奠定了基础。后来克拉伊在1578年写了《德语语法》，这部书是最初的新德语语法。这两部书不完善的地方就是科学性的材料有限，所以当列伊勃尼茨考虑编一部包罗万象的词典时，由于资料的广泛性，他想吸收整个科学院来进行这次的编写工作。

实际上，这个计划没能够实现。

14世纪初，一些学者开始关注这个编写的任务。歌德认为，在一部统一的词典中表现出德语的全部丰富性是绝对有必要的。

很多知名人士都非常赞成编纂这样一部包罗万象的词典。如果雅科布对此感兴趣并且能够参与到这项工作，那真的是非常好的一件事，大家对雅科布的语言天赋和深厚的知识还是相当信任的。

雅科布曾考虑过：他现在已经53岁了，如果每年出一卷，那么这将会用去6至7年的时间，这样在他60岁的时候，他将对日耳曼学和自己的人民做出一件不朽的事业，而且这样的著作也将会留给后人，一直存在着。

这也只是最初的设想，不管是对格林兄弟，还是对出版者们，他们都知道生命太短暂，要完成这一项伟大的计划，需要100年以上的时间。

1838年8月24日，雅科布给卡尔·拉赫曼写信说："你看，我们还是鼓足勇气做了这个决定，但愿这个世界可以尽可能地不再打扰我们了。"

雅科布将这项巨大的工作看作是自己"支柱和独立精神"的体现，他愿意将自己的全部力量献给编纂词典的事业。

编纂这部词典的出发点是以充分的容量收集有生命力的中古高地德语的全部词汇，而且还会将16、17、18世纪那些由于正常或非正常的原因而过时的词汇也都收入到词典中。从路德时代开始的一切响亮的、有力的词汇也应该在现代语言中占有自己的位置。

如果作家借助词典，看到这些词汇的丰富性和美，并可以在作品中使用，那么这部词典便有了积极有效的作用。

1838年8月29日，格林兄弟通过《莱比锡公共报》向舆论界公开了自己的计划。在他们看来，生活就应该是这样安排的：即使时运不济，人们也要继续播种。他们期许可以在恶劣的条件下获得令人愉悦的成果。

这将是一部巨著，因为还有其他的繁杂工作，所以他们要承担起这项工作并不是那么轻而易举的。这部词典包括从路德到歌德的民族语言的丰富度，而对于这种丰富度，没有人衡量过或是斟酌过。

谈到详细的内容时，格林兄弟想把上述时期所有重要的作家在作品中所使用过的词都收到词典中去。除了要提供词的全部意义外，还要对于词在俗语和谚语中的使用情况通过实例来加以证实。

格林兄弟表示说，只要身体状况是允许的，那么他们就一定会完成这部著作。他们要将其分成厚厚的，由密排的铅字印刷出的六卷集或是七卷集。

编纂词典是一项对本族语言的纯洁和发展产生非同小可的影响的事业。该事业有着很大的神圣性。许多其他的国家都是耗巨资并且是在王国科学院的支持下完成这项伟大的任务，而在德国，这纯粹是一些指望朋友援助的学者自愿完成的事情，这样的落差，不免会让人伤感。

格林兄弟知道他们将送给祖国一份较之在大学授课和在图书馆抄写图书目录更加珍贵的礼物。

雅科布还曾写道："在我心里，有几本书的腹稿正在成熟，要实现它们，或许我这一生都是不够用的。"

1838年最后的几个月，格林兄弟忙碌地工作着。12月初，他们的助手已经有三十多位了，这些助手都是自愿帮忙的语言学家、朋友和学者。这使他们更加坚定了他们的期望：这部词典将会长期发挥作用，这就是他们在放逐后为国家所做的贡献。

格林兄弟会告诉自愿帮助他们的人要阅读哪些作者的书，以及如何选择资料。大家要做的不仅是从读过的作品中摘出需要的词汇，还要将这个段落摘抄出来，以便了解每个词的具体意义。格林兄弟还会给他们附上卡片的样式，还给他们正确的建议，例如要注意词的特殊搭配、特殊的语法还有正字法，这个时候的格林兄弟更像是一个组织者。

格林兄弟在哥廷根有一位难友叫盖尔维努斯，他称格林兄弟的这项工作为"赫拉克勒斯"的工作。在1839年的时候，他写信给雅科布说："这部著作在您过去的许多著作中将占有光荣的地位，闪着不一样的光芒，如果说这部著作是用在哥廷根的岁月作为代价换来的，那么这也证明了因祸得福这样一个道理。"

他们在开始起草的工作中，发现了许多问题，比如，18世纪诗人所用的词汇是极其有限的，大量的词在之后都不用了，只有歌德是个例外。

他们的助手在1839年9月的时候已经近六十人了，虽然他们已经做了大量的工作，但是离第一卷的出版还是很遥远。1839年和1840年的大部分时间都用在了搜集资料上。

格林兄弟越是深入地将自己投入到工作中去，就越清楚地感受到担子的沉重。威廉说："这是一部有时候会让我很恐惧的著作，我们走得越远，就越觉得我们的路是渺无止境的。"雅科布认为，他们近几年要干的工作已经绰绰有余了。

兄弟两人始终忠于已经开始的事业，并追求完美。抄写算是工作中最大的一部分了，除了这个，还有一些合作者不能够履行自己的诺言，格林兄弟就觉得有些累了。

从1838年至1840年，兄弟两人始终相互扶持，在任何情况下，他们都没有失去勇气。

在1839年的后几个月，雅科布的健康状况不是很好。这个时候，多尔特亨也得了重病，因为肺炎和肾绞痛，多尔特亨在床上躺了好几个礼拜，威廉为此感到很不安。她的身体恢复得很慢，又拖得很久。

雅科布以前就不喜欢喧闹的社交界，现在则更少与人交往了。他觉得经常与别人谈论世界如何安排得不好，社会上又有多少不成体统的事情，是没有意义的。有时候，一家人聚在一起吃饭，雅科布都不怎么说话，他的沉默寡言使得威廉也不大愿意说话了。

休息的时候，他们愿意看看晴朗的天空，呼吸浸满椴树芳香的空气，大自然永远是洗涤心灵最好的地方。

在1839年至1840年期间，雅科布还修订了《德语语法》的第一卷，也就是语音部分。1840年，雅科布出版了《法院判决》头两卷，再一次证明了他惊人的工作能力。

2. 点燃柏林的希望

时间如白驹过隙，不留痕迹，哥廷根七君子依旧被大家记得。许多人想帮助被驱逐的教授得到新的工作，教授们的正直和勇敢至今都被社会各界人士所尊重。

东方学家埃瓦利德应邀去了图宾根，法学家阿利勃列赫特在莱比锡继续授课，达利曼担任了波恩大学的教授，物理学家维勃和阿利勃列赫特一样在莱比锡，文学家盖尔维努斯则在海得尔堡大学任教。

格林兄弟命运中的变数似乎也是天意。在柏林，他们有一些在普鲁士宫廷较为有影响力的朋友，其中包括阿尔尼姆和萨维尼。

1838年8月雅科布给拉赫曼写信说："到现在我们还没有发现获得新职位的可能性。我对于到普鲁士，那个背叛了我们真诚事业的国家，真的没有一丝的愉悦。这个国家的统治是卑鄙和愚蠢的，它可以掩饰一切可以掩饰的非正义行为。如果联盟议会的决议对汉诺威国王施以压力，迫使他放弃自己反对宪法的行为，那么国内的局面就会安定很多，整个德国也是安定的并且是值得信赖的。"

雅科布非常了解普鲁士的复杂性，统治那里的国王弗里德里希·威廉三世与汉诺威的国王奥古斯特有着亲戚关系。

1839年，萨维尼想为格林兄弟争取到柏林科学院的帮助。为了预先得到科学院的支持，萨维尼建议格林兄弟写一份有关《德语词典》的计划，可是格林兄弟没有采纳这个建议。

威廉说："科学院只会对那些有绝对把握成功的事情动用自己的基金。但是现在的情形却是：只有在搜集资料的工作完成之后，这一工作才会得到支持，较早地接受帮助我们也会感到难为情。最近，贫困没有给我们造成很大的威胁，科学院除了保证我们继续工作的物质条件和安心工作的时间之外，其他的事情真的一点也帮不上。因此，我们恳请您暂缓提出申请。"

1840年6月7日，威廉三世去世了，他的儿子威廉四世继位了。在威廉四世还是太子的时候，人们就对他寄以希望。他是有名的自由派代表人物，他承认报界有较大的行动自由，使得许多学者、诗人和艺术家都站在他的一边。

这时贝蒂娜和萨维尼可以用自己在宫廷中的影响，以争取向格林兄弟发出邀请。亚历山大·封·古姆鲍利德也在促成这件事情，他的意见在宫廷中还是比较受重视的。他赞成格林兄弟"在受到这样不应有的痛苦和如此之久的侮辱性的轻慢之后，能够获得职位，以解除他们生活上的后顾之忧"。

有些报纸也论述过邀请格林兄弟到柏林来的可能性，可是这却给格林兄弟招来了麻烦。汉诺威国王在知道这件事情后，大发雷霆，并开始制造阴谋，阻止格林兄弟到柏林去。

从普鲁士京城传出消息说，国王很难做出决定，因为他要考虑与汉诺威的亲戚关系。古姆鲍利德给国王送了一份备忘录，在备忘录里他又一次表示赞成邀请格林兄弟以及"哥廷根七君子"中的其他学者到柏林来。

威廉四世没有受汉诺威亲戚关系的影响，加冕不久后，他就将大学生联盟的成员从监狱中释放了出来，还恢复了爱恩斯特·莫里茨·阿尔恩特的教授席位。

新大臣在1840年11月2日给雅科布的信中带来了一个令人振奋的消息："国王陛下，极其仁慈的君主，多年来一直高度评价您和您弟弟在德语研究、文学艺术和历史方面的巨大创作成就。因此，陛下表示，希望您和您的弟弟能够在国家的帮助下，无所顾虑地解决一个巨大的而又极其困难的任务——详尽地研究有批判力的德语大词典。"

埃霍伦建议格林兄弟在具备必要的条件之后能够继续从事德语词典的编纂工作，只要一有机会就会将他们正式列入大学或研究所的编制之内，不过现在还没有空缺。

对于格林兄弟来说，埃霍伦的建议是有益的，而且使得他们的工作显得很体面。格林兄弟希望无论如何今后也要在一起，来柏林很好地解决了他们共同工作的问题。

因为他们获得了在大学授课的权利，从另一方面说，他们恢复了自己教授的名誉，所以雅科布非常感激地说："我们有坚定的信心遵奉国王的邀请，国王的声誉已经远远超出了普鲁士的国界，全体德国人都对他抱有希望。"

威廉从日耳曼学家格奥杰克的著作里为《童话》的下一次出版搜集了许多新的资料。雅科布一方面考虑了语法问题，另一方面还计划在今年冬天准备《法院判决》的第三卷，以作为前两卷的补充。除此之外，他们还在继续整理送来的卡片，以更好地补充《词典》。

1840年12月，雅科布来柏林寻找合适的住房，他希望在圣诞节之前解决这个问题，威廉和妻子多尔特亨完全信任雅科布。

雅科布一大早就来到了柏林，旅行令他特别疲惫，他的关节还因此而酸痛起来。冬季依旧是寒冷的，天还是黑的，呼出的暖气很快就变成了白色又迅速消失不见。

雅科布在邮局的旁边租了一辆马车，他要到莫伊泽巴赫男爵家里去，男爵家住在卡尔什特拉斯的大街上。他与格林兄弟的友谊是建立在兴趣相投的基础上的。他是一个热心的藏书家，他藏有16、17世纪德国文学稀有的版本，这些对他来说是真正的珍宝。

在暗淡的路灯下，黑夜笼罩着四周，雅科布吃力地寻找着这个地址，后来在更夫的帮助下，他找到了搜寻已久的36号门牌。

将东西从车上卸了下来，尽管时间还早，但雅科布已经快要冻僵了，他拉动了门铃，却没有一点回音。窗户一直是黑着的，感觉整个房子没有一点人住的迹象，周围静得可怕。

就这样拉了将近半个钟头的门铃，终于雅科布从低矮的窗子里听到了声音："什么事啊？"雅科布便问莫伊泽巴赫先生是否住在这里，门开了，雅科布终于进到了温暖的屋内。

雅科布上到三楼，到了一扇房门前，又是一阵叫门声，跟原先一样，没有一点动静。他只能在楼梯上等待了。这时，二层有了光亮，有人开门说，应该只有莫伊泽巴赫太太在家，她睡得很熟，雅科布只有在女仆来之前等待着。

告诉他这些的是一个相当和蔼可亲的人，他将雅科布请到了自己的房间，为他准备了咖啡，还将当天京城的报纸递给他看。

在莫伊泽巴赫太太醒来后，抱歉地说她没有听到铃声，然后她将雅科布带到早就为他准备好的房间，并说马上通知她丈夫关于他到来的消息，她的丈夫在午饭后就能回来。疲惫的雅科布终于可以躺下休息一会儿了，漫长的旅途真的使他特别的累，找到了对的地方，可以稍稍安心了。

在柏林，雅科布遇到了热情的贝蒂娜·封·阿尔尼姆，她和莫伊泽巴赫太太一起帮助他寻找一处适合格林一家生活的住房。经过长时间的寻找后，雅科布在提加尔登区连奈大街8号选定了令他感到舒适的房子。他暂租了两年，每年的房租是475银币，如果考虑到收入只有2000银币的话，那么这样的房租已经算是一笔不小的开支了。

房子相当的宽敞，有阳台，阳光很好。房子是去年新盖的，雅科布还考虑到这里离侄子们上学的中学很近，大概15至20分钟就可以到达。雅科布认为，这样一段上学的路程对孩子们来说也是一种很好的休息，他们可以看看街景，甚至是街上不同的人。

雅科布当然也考虑了多尔特亨，附近的店铺很多，买东西还是很方便的。

1840年底，雅科布回到了卡塞尔，他告诉家中的弟弟，他在柏林受到了普鲁士国王的接见，弟弟也为他感到高兴。

威廉和多尔特亨对于新的住房很是满意。雅科布在冬季严寒的柏林长时间寻找住房的时候还患了感冒，他的咳嗽显得有些严重，回来后好好调养了一下，情绪等各方面也都不错。

柏林大学的春季课程表上已经排上了他的课程，一切看上去还是蛮顺利的。而且有了阿尔尼姆和古姆鲍利德的帮助以及埃霍伦的支持，格林兄弟两人的年俸提高到了3000银币。

1841年2月，在格林一家准备离开黑森前不久，听到了奥古斯特侯爵夫人逝世的消息。格林兄弟对侯爵夫人有着不一样的感情，她是个坚强的女人，她很早就离开侯爵的宫廷独自生活了，而且她对格林兄弟始终都是持充分理解的态度。

在19世纪30年代时，威廉将一部《童话集》寄给侯爵夫人，她还说："我亲爱的教授先生，很高兴地告诉您，您寄来的童话集博得了三代人的欢心，最开心的就是老太太了，她高度评价了您的这部作品，此外，女儿和几个外孙也很喜欢您的礼物。"

格林兄弟为得知这个消息而感到悲痛，在不久前，侯爵夫人还对格林兄弟说："如果你们一定要走的话，那么，在我看来最好还是去柏林。如果以后我有机会去柏林，就一定去看望你们。"要知道，她出生于普鲁士王室。

威廉说，因为她吩咐过要像安葬普通市民那样安葬她，所以他是有机会跟着送殡的行列，送她最后一程。

1841年3月，格林一家告别了故乡。

在新的地方，他们慢慢适应着。他们依旧会经常出去散散步，最方便的地方就是提加尔登公园。草地绿了，新长出来的树叶已经成荫，鲜花开得绚烂，很多金鱼在池塘里嬉戏。日子如此安定，悠然。

威廉现在的心境是春意盎然的，他给盖尔维努斯的信中说："就个人方面来说，我们现在真的是很幸福了。有着充分的自由以及在大学工作的有利条件，我们真的很感激现在所拥有的一切，是的，满怀感恩之情。"

3. 柏林的研究与生活

19世纪40年代,技术的革新已经越来越迅速了。驿车作为过去长距离的交通工具,现在慢慢被"蒸汽车"代替了。

如果说在1840年德国有549公里的铁路,到1850年铁路的长度已经超过了6000公里,也就是说短短10年铁路延长了10倍多。工厂式的企业数量在急剧地增加,劳动的条件发生了根本的变化。

1839年至1840年,在普鲁士和巴伐利亚发布了禁止工厂使用童工的命令,在矿业和冶金业还规定实行少年10小时工作日。

当然技术的迅速发展也导致一系列新的问题出现了。如:经济制度和社会如何对待正在开始的工业化?德国庸俗经济学家弗里德里希·李斯特在《政治经济学的国民体系》一书中就曾企图回答这些问题。

自然科学在技术发展的同时也得到了迅速的发展。研究学家和旅行家亚历山大·封·古姆鲍利德就以自己的作品大大丰富了大家对地球的认识,他的著作《宇宙》在1845年开始出版了。

普通比教地理学的作者之一李特尔出版了自己的主要著作《地理对自然和人类历史的关系》。德国化学家李比希先后写了《有机化学》和《动物化学》以及《化学书简》。"哥廷根七君子"之一的韦伯,物理学家和数学家高斯,都致力于物理学的研究,高斯不但找到了行星轨道的计算法,而且在这一时期还进行着物理学《普通原理》的研究。

这个时候出现了许多新的文学艺术流派,就像被称为"青年德意志派"的文学派别的拥护者越来越多，也越来越积极。革命诗歌的声音越来越响亮了，这些诗歌表达了对德国许多悬而未决的问题的不满。

1841年，德国诗人乔治·赫韦格发表了战斗的《活人的诗》，德国作家和戏剧活动家弗朗茨·金格利什坚特发表了讽刺的《世界主义守更人的诗》。海涅在作品中则表现出了尖锐的政治语调，他的《阿塔·特罗尔，仲夏夜的梦》、《新诗集》、《德国，一个冬天的童话》都体现了这一点。德国诗人裴迪南·弗莱里格拉特出版了针对反动政府的诗集《信念的象征》。

新文学即现实主义文学的第一批作品就是在这一时期出现的。还有贝尔托里德·奥艾尔巴赫在《乡村故事集》中描写农民的形象，而弗里德里希·赫贝尔在悲剧《玛丽娅·玛尔达丽娜》中则现实地描写了旧的风俗习惯和市民荣誉感的破灭。

但是，这些都不能说明浪漫主义时代过去了。浪漫主义依旧存在于文学中，只是改变了形式。像德国著名作曲家理查·华格纳在格林兄弟所搜集的传说基础上创作了《坦华瑟》，他将这部作品称作浪漫主义歌剧。

反动诸侯和政府与人民热爱自由的渴望之间依然存在着不可调和的尖锐矛盾，在很多问题上有自由主义情绪的威廉四世，对于解决关于宪法的重要问题没有做什么事情。

格林兄弟来到柏林的前几年，也只是从事教学和研究工作，毕竟这是他们来到这里的责任。在王室图书馆馆长逝世后，内阁曾提议雅科布领导这个重要的机构，但是他拒绝了。

1841年4月30日，雅科布对于自己在柏林讲的课程，没有选择语言方面的科目，而是选择了法律科目。有了在哥廷根的经验，他想特别指出一点：在国家生活中，法律起着决定性的作用。雅科布所讲授的课程是《论古代德国法律》，这是具有科学历史性质的。

在柏林大学的一间教室中，坐满了学生，大家都很期待着上课。当雅科布登上讲台时，学生们报以热烈的掌声欢迎他，从他的面部表情可以看出，他也很激动。雅科布就是这样满腔热情地开始讲课。

他会讲他所经受的那些考验，即使是很严峻的考验，也没有使他动摇，恰恰相反，这使他更加坚定了自己的信仰，坚定自己所从事的正义的事业。他还叙述了自己的工作方法，还讲了他的活动是从何时开始的。当拿破仑军队占领德国领土的时候，他在对古代各学科的研究中找到了安慰，也对未来有了更大的信心。

他认为，研究古代的语言、诗歌、宗教和法律，不仅可以丰富自己的知识，更大程度上还促使大家弄清本地法律的方法和精神。

雅科布一直坚信着，自己是在用自己的劳动成果帮助德国人民争取自由和国家的统一。他不是一个守旧的或是只懂得从形式上做研究的研究者，他更愿意将现存的东西同将来需要的东西结合起来。

他说："语言和法律有着共同的历史，它们之间存在着一座将古代与现代、必然和自由联系在一起的桥梁。谁如果不了解过去，就会在现代有危机感，并且将来也会有一种可能，就是同他一样忘记过去。同样地，如果谁又总是抓着过去不放，那么他就会徘徊在现代正在失去和将来回头承认的东西上。有点像自己在挖自己的墙脚。"

雅科布还曾在讲稿中这样说过："我既不否认我们的时代，也不否认其他任何东西能够根据其高尚的或微不足道的观点改善法律，从而建立新的法律规范，因为人类的自由和现代的法律在促使我们去做这样的尝试。"

在教室中听课的学生也都深切地感受到自己与发生的事件是相关的，好像教室之外的事件正在他们眼前发生一样。按照达利曼的说法，这就是所谓的"公众赞成的证明"，学生们欣赏那种能够将理论与生活实际相结合的人。

1841年5月11日，威廉也开始授课了，他选择用中古高地德意志语写的长篇英雄史诗《谷德仑》作为自己讲课的题目。

《奥格斯堡公共报》报道说，学生们像欢迎他哥哥雅科布那样欢迎他。威廉很感激同学们对他命运的同情，他说："人们说，花好像是在夜里生长，以便早晨能够争芳吐艳。如果我还年轻的话，可以说我也是这样的，而现在，我想让你们相信，夜里的微冰也不能伤害到我。"

在这两次讲课之后，格林兄弟成了柏林舆论界的热点人物，他们在柏林大学受到很多人的尊敬。

贝蒂娜·封·阿尔尼姆对此非常的满意，一切问题都非常顺利地解决了，格林兄弟在柏林住的离她也很近。

她在给自己的兄弟克列缅斯·勃连塔诺写信说："雅科布是一个沉默且安静的人，他既重视法律，又重视义务，在各种社会舆论、秘密诽谤和政治阴谋的冲突中，他是一个带着圣徒光圈的人。为了探索出他曾经为之花费许多时间的重要问题的答案，他所需要的就是极大的安静，如此才能使他的面容具有战士的力量和坚定性以及受难者的乐观精神。"

以前，威廉还是柏林科学院通讯院士，1841年春天他获得了科学院院士的称号，这更加巩固了格林兄弟的地位。

7月8日，威廉作为科学院院士发表了一次正式的演说，在演说中，他提出了这样的口号："德国所有科学院应当将科学提到更高的水平，科学院不仅应该为科学增光，还应当使它富有成效，将个人创作的成果应用于实际生活中。"

格林兄弟曾说，在柏林大学，同时从事教学和大量科学研究活动并不是那么简单。雅科布习惯在晚上考虑自己的工作，可是这时却常常有认识的或不认识的人来找他们随便聊聊或是商量事情，当然更多的时候是闲扯。格林兄弟对这样的人感到厌恶，特别是雅科布，他每天在这座大城市长长的街道上还要花费很多时间。

有时，连科学院的一些会议，雅科布都觉得是一种负担。就像雅科布说的，许多时间都浪费在了不重要的事情上了。雅科布也抱怨过："白天在工作和操劳中匆匆度过了，到了晚上，按照老习惯，我只有在这个时候才会写出些东西来，可是就是这样宝贵的时间也都花在了没完没了的接待上了。"

雅科布总是会感到疲惫，有时候明显的体力不支。他经常会思考，自己是否有时间解决掉摆在他面前的各种任务。

还在1838年的时候，死亡越来越近的想法不停折磨着雅科布的时候，他写了一份遗嘱。考虑到还有很多著作没有完成，他说要将他"所有记着文学笔记的本子都烧掉"，《法院判决》以及出版的几册续集除外，所有的财产都转给弟弟威廉以及他的孩子们。

1841年9月，他又重申了这份遗嘱，还补了一封给威廉和多尔特亨的信。从信中可以看出，雅科布也有严重忧郁的时候，他也会产生不可避免的死的念头。在之后的一些年，雅科布的忧郁症不止一次地发作过。

1843年的时候，大夫要求他进行水疗，还要他暂时停止讲课。那段时间，他的胸部经常会觉得闷，说话的时候会感到疼痛，而且嗓音还有些嘶哑。

而威廉的身体一向比雅科布要差很多，1842年2月的时候，他的状态很不好。不安的雅科布还给达利曼写信说："不久前，病情似乎又恶化了,他的脉搏一分钟增加到130多次,手和脚几乎都变凉了,出现一种类似麻痹的状态。"

这次一病就病了好几个月,身体也消瘦了,大家担心这是肺结核。有时候,他还会失去知觉,清醒过来后,就会抱怨脑袋痛得厉害。他说自己有时候连印象深刻的事都会记不起来,好像一只在海上飞翔的鸟儿,找不到一块干燥的土地可以休息。

直到秋天,威廉才走出位于提加尔登公园附近的舒服住所,拄着拐杖,到老橡树和水青冈树下散步。

多尔特亨为了照顾兄弟两人,有时候真的忙得不可开交。

在他们病情不稳定的情况下,他们是不能进行工作的。就内在素质来说,雅科布不如威廉适合做老师。因为雅科布是一个天生的研究者,而不是一个在听众面前展示出很好口才的演说家。

雅科布曾说:"我发现备课的时候,与在学生面前叙述表面成果的时候,我有着不一样的感受,我更喜欢安心而又平静地研究一些问题。就天性来说,我更喜欢单独劳动,而在大庭广众之下,我就会缺乏勇气和信心。"有一阵子,他还特别怀念在黑森那个旧房子中过的离群索居的生活。

但是,很多习惯都是之后慢慢养成的。他每天都要从提加尔登步行到大学,然后在接待室与同事们相会,20分钟之后去上课,这些他都习惯了。

作为一位教师,人们在谈论雅科布的时候,总说他讲课是不稳定的,思维跳跃性很大,以至于学生很难跟上。威廉则相反,人们觉得他就是一位天生的老师。威廉讲课很直观,也容易让人理解。

威廉说,写《谷德仑》这部史诗和写《尼伯龙根之歌》一样,需要很长的时间,为了形象地说明这一点,他还做了形象的比喻:名贵的树木生长得很慢,在这些树木开花之前,总是需要经过很长的一段时间，而那些微不足道的植物则铺满了田野，它们那粗俗的花朵每年夏天都在开放。

作为一位对语言非常敏感的学者，威廉一下就认清了《谷德仑》这部诗的伟大之处。他说："这部诗就像一面在任何时候都很洁净的镜子，它从自身清除了一切偶然的、虚假的以及昙花一现的东西。它的事件取自于现实生活，但是它将其提高到了更加纯洁的思想境界，从而保证了其高尚性的存在。

"这部诗将可能的想象和经历结合到了一起，所以它既不同于外部表现出来的东西，也不同于我们所说的现实。"

1844年，雅科布准备出《德国神话》两卷集的第二版，在新版中，雅科布指出，对于每一个民族来说，相信神，就如同需要语言一样，是必要的。他再一次为读者打开了一扇到处是神和神灵的丰富多彩的世界的窗。他还说明了过去世世代代对各种超自然现象的信仰，并且把这种信仰看作是创造性想象力的表现。

他否定了曾经存在的见解，好像许多世纪的生活都是在呆板、野蛮时代的昏暗中度过的。

雅科布写道："这与我们的创世主的博爱和善良的精神是矛盾的，因为创世主曾让太阳照亮所有时代和所有的人，并且创世主还赋予了人的身体和灵魂以高尚的素质，使他们感到最高主宰的意识。神的恩泽涉及所有时代，甚至那些被称为最黑暗的时代，而这种恩泽为具有高尚素质的民族保留了他们的风俗习惯和权利。"

他反对那种"黑暗的中世纪"偏执的见解，对他来说，任何一个时代、任何一个世纪都是充满着创造力的。

雅科布一边修改《语法》，一边埋头于《德语词典》，工作量还是很大的，以至于有时候他对自己的力量都失去了信心。

1845年1月4日，雅科布将60岁了。

1845年春，《童话集》第五版问世了，威廉将这一版献给了贝蒂娜·封·阿尔尼姆。阿尔尼姆和格林兄弟的年龄相仿，她与他们友好相处了几十年，在柏林，他们不仅是近邻，他们也同甘共苦。

威廉用如此美丽的语言作为他的献词："我没有在这里将提加尔登受到特别爱护的名贵的花献给你，也没有将旁边立着的微笑的希腊之神的雕像像深水中的鱼那样送给你。我愿意将这一次又一次在地上长出的朴素的花束献给你，我曾亲自看到，你是那么安静地站在一束普通的花前，满怀青春年代的喜悦观赏它们。"

一年后，雅科布在谈到这部童话和传说时写道："一直到今天，它还为人们提供着丰富的精神食粮，不管供给人们多少其他菜肴，这样的精神食粮任何人都不会拒绝的。"

在柏林，他们一直享有崇高的威望，他们还接到邀请到沙罗腾堡参加国王的宴会，国王和王后与他们进行过长时间的谈话，并对这两位学者愿意待在柏林而欣慰。

学生们也喜欢他们，1843年2月24日，就是威廉生日那一天，学生们为了祝贺他们的教授在重病后恢复健康举行了火炬游行。这一天，兄弟两人没有邀请什么人，但是许多朋友和熟人都不请自来了，他们来到格林兄弟在提加尔登公园附近的家中，使得家中挤满了人，很是热闹。

工友在房前清扫街道，传来消息说，学生们打算来此搞什么活动。当天色变黑时，学生们出现了，他们在住宅周围围成了半圆形，明亮的火炬划破了夜空。

格林兄弟和客人们来到了露台，这时学生们开始唱歌。这时街上已经没有什么车了，清脆而又洪亮的歌声一直传到远方，邻居们也都从窗中探出头张望外面的情况。

后来家中还出现了一个学生代表团，他们是来递交贺信的德国各邦的代表。贺信里还有一首庄严的歌和诗,这首诗是一位挪威大学生为了称赞格林兄弟在斯堪的纳维亚文学方面的功绩而用丹麦语写的。

为了对学生们的爱戴和同情表示感谢,威廉对他们说:"一年前,我重病在床,我没有指望自己能够再次站起来在你们面前为你们讲课,我只能祈求苍天让我活下来。可是,我得到的却多得多,并且我今天能够站在这里为你们对我的友好祝愿表示感谢。

"我们也不愿将这种祝贺仅仅归于自己,而是把它看作是你们珍爱我们的著作、珍爱我们的研究工作的一种表示。这些著作是研究我们的祖国的,而且对德国古代的研究要求采取认真和真诚的态度,这里也需要热情,而你们有足够的热情来进行一切工作,这是你们的年华赠给你们最好的礼物,未来也是建立在它的基础上的。"

学生们静静听着威廉的话,之后,就报以热烈的掌声。学生们还唱了《我们要欢乐》,之后熄灭了火炬,经过提加尔登回去了。空气中还弥漫着温暖的情意,久久没有散去。

第八章 希望与现实的差距

1. 外面的世界

随着铁路和汽船的出现，遥远而又辽阔的世界变得越来越有魅力。对于还活在驿车年代的人来说，新的交通工具真的是有很大的突破，也有新的无限可能性。

交通网还不很完善，还没有可能完全取消驿车，蒸汽的力量也只能是代替马车承担长途运送工作。

如果要穿过阿尔卑斯山到地中海各城市去一趟，旅程还是很远的，也不是每一个人都可以做到的；如果想到罗马或是那不勒斯做一次旅行，至少要花好几个礼拜，甚至可能几个月，也只能是随便地看一下。

身体还很虚弱的威廉并不想到遥远的地方去，他离开柏林也只是做短途旅行。1841年他偕同妻子在哈脑待过几天，当他再从熟悉的窗子向外眺望时，优美的风景使他感到陌生。

施太诺的一切还是老样子，威廉在旧胡同里慢慢散着步。他还在面包铺前面停了一会儿，他想起，以前妹妹洛塔总是喜欢从这里买甜面包，她穿着白色短上衣的样子清晰起来。他还路过了父亲曾经工作过的房子，在城外的墓地，他站在爷爷的坟前，读着墓碑上的碑文，碑文因风雨的侵蚀变得模糊不清了。

最后，威廉和多尔特亨一起游了莱茵河，这也算是结束了他们这次的旅行。

假期，他们带着孩子来到加尔茨和绍林吉亚森林。风景好得让人陶醉，夏天的绿荫很凉快，空气清新，这些对于威廉的健康有着很好的影响。

威廉就是这样沉浸在德国的美丽风情中。

雅科布则不一样,在他年轻的时候就欣赏过了巴黎的浪漫与奢华以及维也纳的独特魅力。他还在1831年访问过瑞士,1834年访问了比利时,他习惯了马车的颠簸和严冬的寒冷,甚至是多瑙河上极其简陋的船只,他也很熟悉了。

1843年,他访问了意大利,实现了他多年的愿望。当时的客运火车还不是很舒服,坐火车的时候,雅科布还抱怨车上的过堂风。从美因兹沿莱茵河上溯到曼海姆,坐的是汽船。

酷暑8月,雅科布借助各种交通工具终于来到了热那亚,后来他又坐了三天四夜的轮船到那不勒斯。那时的雅科布已经58岁了,他没有体力去攀爬维苏威火山,所以他参观了赫鸠娄尼恩城和庞贝城。

9月的一天,他乘公共马车来到罗马,下两站是佛罗伦萨和波伦亚。

南方的风景使得北方人感到惊讶,在从热那亚到那不勒斯的路上,雅科布可以整天看到万里无云的蓝天和深蓝的海洋以及船头飞溅的白色浪花。

晚些的时候,在回到自己船舱之前,他总会深情地看着布满星星的夜空。白天的时候,他喜欢在橄榄丛中散步,还仔细观察过葡萄藤。威廉曾说:"自然界统治着一切,我们一代一代就是在自然界永恒的青春面前消逝的。"

在旅行的时候,雅科布的想象力将他带得很远很远,历史悠久的罗马对他来说是一座"骄傲的城市"。他沿着阿毕雅之路走,走进了水道弓架结构的废墟处,他抚摸着古代的石头,饱含深情,想:"如果它们能够活过来的话,那得讲出多少故事啊!"

雅科布觉得，在罗马，什么也比不上集会场的风光。他会想象那样的场景：在一个个耸立的圆柱之间，罗马人在怎样进行着辩论、交易以及审理诉讼案件。

雅科布写道："在罗马集会场，我常常会避开惊慌和不安，在这里，那些半遭毁坏的古罗马建筑物总是注视着我，神殿、圆柱、拱门以及科洛西姆斗兽场等等，所有的一切都待在原来的地方，我想这本身就是一种无言的评价。我多么希望自己可以在这里多逗留几个月啊。"

雅科布参观了贵族的宫殿、教堂和庙宇，他被米开朗琪罗、拉斐尔、达·芬奇以及替善的作品所震惊，他说他们的画是充满生命力的。

在罗马，自然、历史和艺术结合成了异常优美的和音。

忙乱的那不勒斯人、充满尊严的罗马人、自信的佛罗伦萨人和文雅的威尼斯人，雅科布都用心细细观察过他们。雅科布说："意大利人具有一种最自然的、毫无拘束的生活方式。当然，意大利人的某些优点是受恩于优美的自然环境。"

意大利的语言必然会受到雅科布这位语言学家的关注，他认为这种语言特别美，特别柔软。他也觉得意大利语言居整个拉丁语之冠，是最丰富、最悦耳的。

他还注意到但丁的"形式的优雅"，诗人彼特拉克的"愉快的温柔"，但是他最喜欢的是作家卜卡丘那"无与伦比的故事叙述"，卜卡丘完全展示出了意大利语言的魅力。

9月底的时候，雅科布来到威尼斯，在长达3个月的旅游之后，经过韦罗纳、因斯布鲁克和慕尼黑，在11月底终于再次回到了柏林。

旅游扩大了他对世界的认识，他在给柏林科学院所作的报告里写道:"在意大利,一个心灵开阔的人可以享受到三样东西:宏伟而壮丽的大自然、丰富的国家历史以及分散在各地的大量的艺术遗迹。"

作为一位观察者,雅科布不仅从审美方面对所看到的东西有兴趣,还渴望从自己的印象中得出结论,从而能够对社会舆论产生影响。他说:"德国和意大利两个民族的命运是紧紧联系在一起的,它们曾经长期使对方感到痛苦,现在应该到了言归于好的时候了。"

在意大利之行后的一年,即1844年夏,雅科布又向"大世界"出发了。这一次,他要到斯堪的纳维亚各国。

他乘船经过什切青到达哥本哈根,渡海是艰苦的,因为船颠簸得很厉害,许多船客都晕船了,而且每一个船铺上睡了将近12个人。

下一站是哥德堡,一艘小船上坐了50名乘客,经过四天才到达斯德哥尔摩。在旅行期间,雅科布会见了许多学者,他们做着相似的研究。例如,在哥本哈根,他会见了语言学家和历史学家卡尔·克里斯季安·拉封。在斯德哥尔摩,他会见了瑞典考古学家和帝国古玩家基利杰勃兰德。

由于普鲁士外交官的提议,雅科布在王宫里受到了瑞典国王的接见。这说明了,雅科布同威廉一起研究北方语言和诗歌的著作得到了承认。

同在意大利一样,在这里吸引他的也是大自然、历史和艺术。北方的海是灰色的,地中海是蔚蓝的,很美。对一个德国研究者来说,期堪的纳维亚如同意大利之于每一个研究古罗马历史的人一样,是一块富饶的土地。

古墓和刻有北欧古代文字的墓碑是历史的见证。在寒冷的北方，有重要意义的艺术作品虽说没有意大利那样丰富，但是在这里也可以找到不少珍贵的古代文献。他参观了哥本哈根附近的弗里德里希堡，他觉得斯德哥尔摩的国王城堡是非常气派的。

在艺术家中，他特别关注到雕塑家托尔瓦利德先。雅科布的思想一次又一次地从北方转到南方，从白桦林里露出的一座座褐红色的房子转到意大利的花园，他想清楚了解它们特有的风光。

"这些北方人安静而庄重，他们能够了解人的精神的深刻性。在麦洛连湖旅游，人们的举止是安静而优雅的。同意大利人可以亲切地交谈任何话题，但也不能超过一定的度，不然他们的矜持和习惯就不允许了。在南方，一般的日常生活是在轻松而愉悦的状态中度过的。我觉得严肃的北方人对生活也都有着严谨的态度，他们也具有意大利人所不能意料的欢乐。"雅科布如此总结自己的印象。

在两次国外旅行期间，雅科布访问了许多图书馆。他曾说："我的眼睛简直离不开米兰、那不勒斯和乌普萨拉存在的所有哥特人的手稿。"

他终于又回到了自己在柏林的世界，回到了熟悉的工作室，回到了亲爱的弟弟和弟媳身边。

2. 平静而又幸福的小世界

他总是很高兴侄子们的变化，16岁的盖尔曼作为老大已经比他高出一头了，14岁的鲁多利弗认为自己是一个很好的舞蹈家，而12岁的奥古斯塔常常为难于确定自己在两个中学生哥哥中的地位。雅科布总是像父亲般关怀他们，他总为他们取得的优异成绩而高兴。

1845年初，从沃利芬比尤捷利传来了一个不幸的消息，费尔季南德弟弟逝世了。他是一个作家兼书商，雅科布悲伤地说："他从来没有幸福过。"

同年春，卡塞尔又传来消息，艺术家小弟弟路德维希·埃米尔第二次结婚了，他的第一个妻子是在1842年去世的，这使他很悲伤，久久没有走出痛苦，直到遇到他现在的这位妻子，他现在又得到了幸福的生活。

19世纪40年代，兄弟二人时常应邀到其他学者的家中做客，参加宫廷宴会、到沙罗腾堡或是圣苏西区听音乐。

无论是大世界还是小世界，柏林的生活总的说来还是紧张的。他们花在上流社会招待会上的时间越来越多，对此他们也会有所惋惜，但是他们是不能对此轻视或是不恭敬的。格林兄弟已经不再是默默无闻的童话讲述者或者不足挂齿的一般的学者了。

他们自己也常常招待客人，最常来的就是贝蒂娜·封·阿尔尼姆和萨维尼以及莫伊泽巴赫和拉赫曼；有时也会有教育和宗教事务大臣埃霍伦和封·哈克斯特豪森家的女士们；哲学家谢林、艺术家科尔涅柳丝、历史学家兰克也经常造访。

来访的还有一些外国客人，最重要的就是1844年秋，童话大师汉斯·霍利斯蒂安·安徒生访问了他们。

1846年，雅科布已满61岁，威廉也60岁了，想想他们的父亲只活到了45岁，还有他们许多小学的同学相继去世，雅科布有时也承认，他们离摆脱这些操心事的时间已经不远了。

对于这样的操心事，一部分是《德语词典》，这部词典在柏林时期进行得非常缓慢。

1846年1月3日，雅科布给维甘德的信中说："明天是我第61次庆祝我的生日，我已经满头白发，但是精神依旧抖擞，还有体力全力以赴地进行工作。我真的期望自己可以一直坚持到死，因为我还需要完成那些有趣而珍贵的任务。"

年底的时候，因为他们的一时疏忽交晚了房租，房东便要求他们腾房，他要以更有利的条件将房子租出去一层。于是，格林兄弟不得不另寻住处，换另一个工作地点了，这对他们来说真的是一个很大的麻烦。

1847年3月，他们搬进了林克大街7号的一所房子里，这也是他们最后的安身之地。

格林兄弟的图书大都摆在雅科布房间沿墙的书架上，书架不太高，即使最上层的书不用踩在凳子上就可以够到了。书籍大都包上了漂亮的彩色硬书皮，有的还包上了红色的天鹅绒，这是他们心爱的藏书。

在工作室中，摆着又重又大的书桌，还有椅子和小书架，书架上面放着可以随手使用的参考书。书桌上还有石头镇纸，雅科布用的是一块贝壳化石，威廉用的则是一块水晶石。

威廉的书房中放着歌德的半身塑像。窗台上摆着鲜花，雅科布喜欢桂竹香和天芥菜，威廉更喜欢报春花。

他们散步回来的时候，会带回来一些鲜花和叶子，把它们夹在书页中。他们不喜欢将自己的藏书送给别人，因为他们在书上做了很多记号，还夹着一些小纸条，这些书都有着格林兄弟特有的气质。

这就是他们的小世界。

3. 怎样的战斗

19世纪接近了中期，统一和自由的渴望越来越强烈了。很多政治集会和会议上都在讨论全德国的问题，并且无论如何也不能将这些问题从议事日程上抹掉。

法院的官员要求制定全德国统一的法律，日耳曼学者们则希望统一全德国的文化。日耳曼学作为一门科学获得了生命，它是由格林兄弟确立的。

1846年，在法兰克福市的旧市政管理局召开了第一次日耳曼学家大会，在请帖上签字的除了格林兄弟，还有达利曼、盖尔维努斯、乌兰德、拉赫曼、阿伦德、兰克和别泽列尔。

路德维希·乌兰德因为经常出版《诗集》和像《古日耳曼诗歌史》、《瓦尔特·封·得尔·弗格尔外德》这样的作品，被认为是主要的日耳曼学家。他比雅科布小两岁，在宣布大会开幕时，他说：

"我认为，我们可以毫不拖延地选出大会第一届主席。多少年来，德国历史科学的一切线索在他的手里被连接起来，而且大部分的线索还被延伸了出去。我想我们应该以一致赞同的方式选出这个人来，恐怕都不需要我说出这个人的名字——雅科布·格林。"

这个建议博得了雷鸣般的掌声，就这样雅科布被选为日耳曼学家的第一届大会主席，他在社会舆论中也就成了日耳曼学科的奠基人。

他很感激大家给他这个机会来主持大会。他还谈论了大会上提出的"三个学科相互联系相互渗透"的问题,这里的三个学科就是语言、历史和法学。

开始雅科布就给予了语言应有的赞扬:"从很早的时候起,语言的敏感性就帮助人们意识到自己是人类,还促进了每个人个性的发展。所以,对于一切高尚的民族来说,语言永远有着最大的欢乐和财富。我们的语言是一棵大而健壮的树,我们可以通过几乎两千年的历史来彻底研究它的成长和发展。"

对于历史学科,雅科布如是说:"如此热心和顺利地出版历史资料和解释这些资料来源的文献时期,过去还没有过,这些历史资料发出的亮光还点燃了一门新的学科,那就是历史编纂学,它证明了最大胆的期望是正确的。在我们祖国各地都出现了对于历史的向往。"

对于学法律的雅科布来说,以一位学者的身份解释法学问题还是很容易的。他在谈到罗马法的意义和早期德国法律的形式时,表达了自己对制定新的法律的赞成。他说:"根据旧法和新法,可以重新制定牢固的国家法律。"

雅科布的发言很好地将大家引出狭隘的专业问题的范围,并使人们注意到整个德国的命运,最后,他的结束语是最有力的。

"我们在这个城市开这个会具有某种象征意义,这个城市自古以来就是德国的中心。德国历史上的许多事情就是在法兰克福这里发生的。一千多年前,卡尔一世经常走在我们现在所走的街道上,人们经常把解决德国命运的希望寄托到这里,就是这里,我们开会的地方。"

威廉作了关于编写《词典》报告的情况,他用下面的语言来解释编写《词典》的目的:"我们不想填塞语言的源泉,因为语言从这个源泉里经常得到补充和更新。我们也不打算把词典编写成某种类似法律汇编的东西。我们想使语言成为由它在三个世纪过程中自身发展而形成的那种样子。语言的例子我们只能选择作为活的语言而表现出来的那些作品。我们的词典将包括某些词的博物学方面的知识。"

威廉顺着自己的思路继续往下说着，在谈到歌德时，他说，没有歌德精神，这部词典也不会存在。

"在语言中，歌德也是作为一颗新星出现的。他用敲打岩石的拐杖从岩石中敲出了新泉，泉水流到干涸的草地，慢慢浸透，使得草地重新焕发出生机，重新开出春天的诗歌之花。我们也很难说，他为提高和提炼语言做了多少工作，并不是通过细致耐心的探索而是遵循真正的爱好。语言中保留着最好的德国人民的精神，这些在他的笔下都重新获得了自由。"

在日耳曼学家第一次代表大会闭幕时，雅科布希望将来能以同样泰然的心态进行科学研究，并且在探索这一过程中，不要失去我们已经感受到的真正的、精神上的激动。

1847年9月，在律贝克市召开了日耳曼学家的第二次代表大会，雅科布再次被选为大会主席。

这一次，大家都越过各邦的邦界，不再是作为一个普鲁士人、巴伐利亚人、符腾堡人、巴敦人、黑森人、萨克森人或是汉诺威人来发言了，而是作为一个德国人来进行交流。

在这次代表大会上，雅科布好像是对自己的一生做了总结："我是一个行将就木的人了，如果大家还记得我的话，那么我希望大家对我的评论是：我一生对任何东西的爱，都比不上对自己祖国深深的爱。"

日耳曼学家代表大会的氛围一直是热情洋溢的，充满着自由的精神，自由派都认为这是走向人民代议制的第一步。

律贝克的会议结束不久，雅科布就准备出版《德国语言史》，他写这部书花了不少的时间，还特意推迟了《语法》和《词典》的编纂，到1848年，《词典》的两卷书才出版。

雅科布研究日耳曼语言的性质时也考虑到自己在走一条无人走的小径，他要考虑到失误的危险性，关于这一点，雅科布也曾在前言中提道：

"谁不冒险，谁就一无所得。要有勇气伸手去摘新的果实，如果没有也不要难过。在黑暗中，天刚破晓，新的一天好像在踮着脚尖轻轻走来。我喜欢在大路旁的小片褐色田野上徘徊，采摘那些隐藏在草地里的小花，而别人是不屑于为那些小花而弯腰的。"

对于"隐藏在草地里的小花"一说，我们觉得雅科布是谦虚了。他的书是在1848年问世的，那个时候正发生着激动人心的事件，对此，雅科布在给盖尔维努斯的信中承认说他的著作是"渗透着政治"的，因为他谈到公爵们对德国的非法分裂行为。雅科布觉得《德国语言史》对于统一本身也是一个推动因素。

当时的德国地图由于许多小国家而被分成了很多种颜色，人民也一直表达着对公爵这种行为的不满。刚被发明出来的电报向欧洲各国发布了一个消息：1848年2月24日，在巴黎，国王已经被驱逐了，并且宣布成立共和国。

革命的风吹到了德国各邦，人们只有在心中默默祈祷，祈祷革命可以胜利。后来"三月革命"开始了，在革命的过程中，革命者希望得到任命人民部长的权利，还要求武装人民、新闻自由、实行陪审审判，最后可以召开德国国会。

权力几经更替，在巴伐利亚，国王路德维希一世让位于自己的儿子玛克西米利安二世。在奥地利，反动的公爵麦捷儿尼赫失去了自己的地位和影响，政府答应实行更为自由的宪法。大家对德国各邦实现统一有了更大的信心。

1847年4月，为了扩大铁路网，要制定新的税法，普鲁士国王弗里德里希四世召开了统一的地方自治代表大会。但是，国王在地方自治代表大会的演说里表示，反对通过真正的人民宪法，并声称任何时候也不允许把一张写满字的纸塞在国王与他的人民之间。国王所说的一张写满字的纸就是宪法。

人民最需求的就是宪法。

国王的演说使很多人感到失望，特别是格林兄弟感到很惊讶。

1847年4月，在雅科布给达利曼的信中这样写道："国王的演说使我感到很苦恼，也引起了我痛苦的沉思。我想，这个演说会使大部分人感到不愉快，我一直对国王抱有希望，但是现在我深信，他不能够正确理解自己的时代以及自己的地位。在这样的情况下，应当高度评价人们赖以自由和平静生活的宪法。没有宪法，所有著作和计划都是毫无意义和毫无用处的。"

1848年巴黎的二月革命在柏林也得到了积极的响应，人民不满的情绪已经发展为流血冲突了。3月18日，还展开了巷战，人们建立了街垒，国王不得不在几千名士兵的保护下守卫自己的城堡，城堡的周围有几千公里的人环。代表们不停地在宫廷中进进出出，国王还是做不出任何决定，而街上，枪弹横飞，鲜血流淌，悲剧一幕幕地出现，天都变暗了。

威廉目击了巷战，这成了他脑海中久久抹不去的记忆，不停闪现。

"这次可怕的战争是从3点开始的，有2000至2500名士兵在大街上同人民残酷地斗争了将近14个小时。排炮的轰鸣声，大炮的射击声非常的可怕，特别是到了夜里的时候。有些地方还着了火，枪炮声还没有停下来，就又听到可怕的冲锋声。当战斗已经越过我们这条大街的时候，我们才有所安心。在离我们不远的安加利特大门附近，战斗还是很激烈。"

后来国王下达命令说，军队调出京城，同时还答应召开会议，研究制定宪法的问题并且声称他也渴望德国自由，德国统一。

研究和制定全德宪法的运动开始了。人民经过某些邦政府的赞同选举出了自己的代表，代表们参加了1848年5月在法兰克福的圣保罗教堂举行的国民会议。

代表们都怀着恢复德国统一的愿望来参加会议。

雅科布也是代表之一，他来到法兰克福后觉得所有重要问题都陷入了外交式的空谈和冗长无味的争论之中，他对此深感忧虑。延长了好几个月的谈判使得人民的战斗精神受到摧残，胜利也似乎遥不可及。

雅科布想表达自己在研究历史过程中所形成的个人观点，面对大会，他清晰而又洪亮地说着每一句话。

"我想就我有幸提出的条款说几句话。'自由'的概念是非常神圣而又重要的，我认为将它放在我们基本权利的首位是极其必要的。因此，我建议把草案的第一条改为第二条，而将具有以下内容的条款提到首位：'全体德国人是自由的，德国不存在奴隶制度，恢复留在德国的不自由的外国人的自由。'这样，使自由的权力产生了对自由的力量，因为不这样，空气本身就不自由了，德国需要自由。"

雅科布赞成在普鲁士的领导下建立一个统一的德国。他参加了近四个月的法兰克福国民大会，他对无休止的争论感到很是失望。赞成奥地利并入德国的"大日耳曼人"同所谓的"小日耳曼人"发生了争论。

国民大会开始时的那种热情在重重困难压力之下消失了。有些代表是被自己的政府召回的，还有一些则擅自离开，其余的转到了什图特加特。

1849年，符腾堡政府解散了国民大会。

失望的雅科布再次回到了自己的书斋。

威廉与哥哥一样对此很失望，他写道："当我乘火车回来，从远处望柏林，内心不得不陷入日常的感受、需求和担心的压抑之中。这就是整个德国的命运，我们现在所面对的未来，好像是一扇关闭着的大门。我们不知道门里面是什么，也不知道它什么时候打开。"

不幸的是，大门好像并不是向着光明打开的。

1849年5月至6月，革命在巴敦、普法利茨和萨克森遭到了镇压，在普鲁士，当局还强迫人民接受贵族院和众议院。

1850年，在奥地利，革命活动也遭到了镇压，18岁的弗朗茨·约瑟夫登上了国家的王位，国家恢复了专制制度，现在的宪法成了一种无用的形式，现实使得统一和自由的理想烟消云散了。

格林兄弟痛苦地承受着自己政治希望的破灭。不过，这没有影响到他们的科学活动，他们反而化悲愤为力量，更加投入地进行研究工作，他们也只有在工作中才能看到生活的意义。

1849年11月，雅科布对科学院作了《论中小学、大学和科学院》的重要演说。雅科布说："我们的社会地位变得更加悲观了。"因此，未来的教育机关，其中包括小学教育在内，具有特别的意义。我们期望能够将大部分的教育完全信赖地委托给社会机构，这些社会机构的存在，不仅对孩子，对家长来说也是极大的需求。

他也对大学给予了赞扬，认为它们在明显地向前发展。

对于科学院，雅科布说："这是处于科学尖端的学者们的自由的、独立的联合组织。对于科学，我有一个最高的概念，一切知识都具有一种自发的力量，它就像决堤的河流，也像熊熊烈火喷出的大量火和热，只要人类存在着，人对知识的渴望就不会减退。"

在法兰克福国民大会当中，大家讨论了所谓施勒斯维希和霍尔斯坦因问题。丹麦国王想以制定全国宪法的手段将这两个公国并入丹麦，社会舆论对此表示反对。事情发展到了双方发生武装斗争的地步，一方是联邦军队和普鲁士，另一方是丹麦军队。

久佩利的多面堡曾几度转手，最后，根据《伦敦议定书》，两个公国在解决该重大问题时服从了丹麦。

雅科布反对丹麦的主张，并且在1850年的德国语文学家代表大会上公开发表了自己的观点："现在的德国无论在什么地方集会，他们的方向都转向了施勒斯维希和霍尔斯坦因。在我国历史上还没有这样忠于自己祖国的先例，虽然我们本身是四分五裂的，但是这些德国人的心是向着我们的。我们应当以诚恳的心和热烈的态度来欢迎他们。"

难道一个学者就可以改变政治事件的进程吗？谁也不会这么天真地想的。政权已经转到了很少关心人民、知道人民想要什么的人手中了。

这么多年来，雅科布也算是痛苦地看着德国各邦分崩离析，他曾在1851年写道："我的一生大部分是充满着希望的，可是在我暮年，却痛苦地远离了这个希望，我虽然还有着勇气和信心，但是这样做的理由已经越来越少了。"

雅科布或许只能这样怀着所谓的勇气和信心和威廉一起致力于他们共同的研究活动，暮年的著作《德语词典》。

第九章 夕阳无限好

1. 《德语词典》进行时

1848年，雅科布离开了大学的讲台，威廉也于1852年不再讲课了，兄弟两人就在科学院继续工作着。

1850年，《德语词典》的编纂工作又恢复了，他们想近期将它编完，然后可以将第一卷付印。

这时候的雅科布和威廉都已经60多岁了，也就是到了所谓的告老还乡的年龄，但是他们依旧坚持着劳动。他们是献身于自己的事业并且一直坚持到最后的研究家。

雅科布担心着自己的身体健康，但是他更加担心威廉的身体，他们的工作量并没有减轻多少，相反，在那些还没有完成的计划上面又新添了几项新的计划。

从1838年正式开始编纂词典的工作，到现在算来已经有20年了。编纂词典是一个艰苦的、长期的工作。雅科布也承认说："编纂大词典，对任何人来说，都是一项艰巨的任务。我甚至不得不为此放弃一些我珍爱的东西。但是，当我们深入进去之后，会发现，一切又变得轻松了。"

工作也并不总是兴趣所在。编写词典本身需要事无巨细的认真态度，词是一个一个整理的，不是根据兴趣选择资料的。为了检查卡片上的资料，本人不得不长时间地查对出处，不但要找出助手们所作摘录的原书，还要花费许多时间和精力。

这两位极其严肃的学者就是这样认真完成每一项工作的。

雅科布完成了第一卷的准备工作，于是他又按照原先那样，根据准备的程度，一部分一部交地分给出版社，然后出版社就分册出版第一卷。第一册于1852年5月1日问世了，专家们称这部《词典》为"时代之作"，这部书也引起了大家的广泛兴趣。

斯堪的纳维亚的学者彼得·安德烈阿斯·蒙克也走着格林兄弟的道路，他在编写北欧古代语和哥特语的语法书，对他来说，看到这部天才著作的真正开始是一件极大的幸事。

他对此还表示祝愿："愿上帝像往常一样赐给您力量，使您能够完成这座'永久性的丰碑'！"

在1852年莱比锡的书市上，《词典》的头几册成了大家关注的对象，出版者也对雅科布说："在书市上，词典是书商们交谈最多的内容，除了一些怀有恶意妒忌心理的人之外，其他人对这部书的反映还是很好的。我们也有充分的理由认为，它是一部合乎语言规范的时代之作。"

雅科布对这样的评价感到欣慰，他从不怀疑这部著作的大容量，需要花费的n

惊人的时间和精力却有些出乎他的意料。

他在1852年秋写道："我每天至少花12个小时来编写它，对于出版者来说，使读者相信该工作的严肃性是非常必要的，我们无论如何也不会半途而废，只会精益求精。"

1852年，威廉加入词典的编纂工作，他承担D开始的词条。按照雅科布本人的说法，他"单枪匹马"地编写第一卷，在第一卷中，没有一个字母不是他亲手写的。编写的过程中，他还同助手们进行大量的通信就所出现的问题进行交流。

雅科布说："如果这部作品就像开始这样完成的话，那么任何一种现代语言都不能够包括这样大量的词汇和内容。"

当格林兄弟重新向社会人士以及助手们提出寄来资料的请求时，他们也觉得这样的工作犹如一个无底洞。

在1853年，雅科布说："但愿我的健康情况是良好的。最近，我的脉搏变得不稳定了，有时甚至都感觉不到它的跳动。我还经常失眠，这真是一个令人心烦的问题。"即便如此，他也没有改变自己的作息时间和习惯。

1853年10月，雅科布收到出版者希尔采利寄来的第一百印张，为此，他要写《词典》的序言以及编写原著的目录表。

岁月不饶人，这句话现在用在雅科布身上一点也不为过。雅科布说："乌兰德将我比作囚犯是一点也不为过的，他或许还可以称我为病号，这一年来，心脏病的老毛病是越来越严重了。"

1854年，经过16年的耐心准备，《词典》第一卷终于出版了。这是第一个值得庆祝的完整成果，它包括字母A和B，正文本身1824栏。

雅科布充分意识到，在德国还存在着许多小邦国的情况下，他的著作从某一方面说，也是统一的象征。

雅科布渐渐老了，他坦诚地告诉读者："虽然我的年纪已经很大了，但是我能感到，现在在我手里一条条已经开始写成或是翻译的书的线索在不停地拉着我。如果纷纷的大雪不停下的话，那么整个大地很快就会被白色所覆盖。从各个方向和缝隙向我袭来的词汇就是这样覆盖着我的。

"虽然很多时候，我想站起来，抖落掉在我身上的雪，但是很多时候，我都控制不了我自己。如果屈从一些微不足道的诱惑而放弃或是忽视大的收获，那么真是太愚蠢了。"

这样的生活和劳动已经没有多久了，雅科布的情绪也变得悲观许多。他需要做的工作还有很多，他非常希望将自己的知识和经验传授给下一代。雅科布也有权来说：路已经铺好了，你们也可以走的。

雅科布希望自己能够看到《词典》最终的完成。他知道，"它不会泯灭，它永远保存在后代的记忆之中"。

格林兄弟并不认为自己每天的劳动只是狭隘的语文学任务，相反，他们觉得，在德国的命运尚未确定的情况下，它的语言和历史已经最好地表现出自己无穷的安慰力量。

100年之后，托马斯·曼将这部词典称为"英雄的事业"、"一座语文学纪念碑"，他也承认说："对我来说，这部词典不是一部参考书，而是一部心爱的读物，我甚至可以整整几个小时沉浸于其中。"

《词典》第一卷印了4000册，这在当时是很大的一个数目了。

1855年，雅科布在笔记中写道："从新年开始，我已经年近七十了，体力的衰退也是能够明显感觉出来的。我不太清楚自己是否还有体力完成这部著作了，只要脑子还能够工作，我就不会丢下它。体力不支虽然痛苦，但是比起脑力的衰竭，这已经很好了。"

雅科布说威廉是一个永远的忧伤者，他也会给雅科布带来一些麻烦。从一定意义上说，他们的生活是平静的，从容不迫的，但是，从他们的内心来看，里面却烧着不可遏制的火焰，那种可以吞没所有天赋的火焰。

即便年华逝去，时光已经来到暮年，格林兄弟精神上仍然奋发向上。虽然一直以来身体渐渐衰败，沉重的工作像是铅一样压在他的身上，但在完成字母B的词条之后，他仍然挑起重担前行，继续工作量稍小点的C词条，紧接着就是E词条，威廉就继续量稍大的D词条。兄弟两人就是这样协同一致地工作的。

出版者希尔采利在催稿，他希望能够尽快地出第二卷。朋友们对格林兄弟的工作也是持鼓励的态度，达利曼就曾写信给他们说："我不能也不愿放弃这样的希望：这座刻有格林兄弟名字的庄严纪念碑将由为它奠基的人来完成。"

雅科布于1858年说明了《词典》为何不能很快出版，这种缓慢的进程也是注定的。雅科布说："在这里，每一个字母都必须是自己亲手抄写，别的任何人的帮助是不被允许的。"而且据他估算，他还要抄写将近25000页。前进的路看上去是没有尽头的。

在编写《词典》的过程中，还有一些其他的疑虑。因为让威廉研究语法和词典的问题，雅科布总是会自责："如果他将自己的才能用在其他领域，将会有更大的成就。"

虽然威廉对于《词典》的成就感到很是高兴和满意，但是雅科布总认为这一工作对他来说是一种负担。如果威廉去研究中世纪的诗歌，就会比他研究和说明一个词的来源和用法更加好。

雅科布还曾怀疑过自己在没有编写《语法》的情况下，就开始编写《词典》是不是一种错误。他说如果可以编完《语法》，他一定会特别高兴，因为他的一切成就说到底是归功于它。但是现在雅科布没有可能再去编写它了，所谓有得必有失，他只能半途而废了。

现在，有一点已经越来越清楚了：这部《词典》会何时完成，遥遥无期。不过，这些都没有使得他们停下来。

1858年，雅科布写信对威廉说："请不要认为词典是一项成效很小的工作，并且认为它不会带来任何令人愉快的东西。它迫使我去研究和发现许多看似'微不足道'的东西，对这些东西我以前是根本不会想的，现在这些对我的益处是毋庸置疑的。"

格林兄弟看到了最终的旅行目的地，但是他们看到自己已经老了，他们很欣慰地对后面的青年人说："我们将道路指引给你们，请你们沿着这一条道路坚持走下去吧。"

与此同时，格林兄弟也并没有交出所有的王权。雅科布没有停息。在漫长的编纂字典的过程中，格林兄弟把自己嘲笑成中世纪的无名学者，他们终其一生坐在修道院中，在羊皮纸上孜孜不倦地抄写古希腊罗马作品，殚精竭虑，耗尽脑汁，他们是最终的辉煌的垫脚石，但又有谁能记得他们的名字呢？

未来！对雅科布是一个迷人的词语。也许没有这个读起来让人目眩神迷的词语格林兄弟早已经结束自己的工作了。

雅科布写道："我担心，有些人只是对词典感兴趣，或是受到新教材的吸引，读过它的前几册，但是并不打算读所有的内容，将它们束之高阁，等将来有机会再读。苦闷的是，明知道现代的读者不会读这种作品，我知道在某些条目中所写的最好的东西，也许在50年或100年之后，才会被伯乐相中。尽管如此，我还是坚持写下去。"

2. 日暮之时

在格林兄弟生命最后的10年中，德国连续发生了很多事情。德国政府对外政策的软弱性在施勒斯维希和霍尔斯坦因的问题上又体现出来了。这些事件也影响到了普鲁士。

1857年，毛奇是普鲁士的总参谋长，约一年之后，威廉一世任命他那患有不治之症的弟弟为摄政王。这也是我们熟悉的名字——俾斯麦。

俾斯麦于1851年被任命为普鲁士驻法兰克福联盟议会的公使，

后来于1859年被派驻到彼得堡。

当时，德国的各个邦都在追逐自己本身的政治目的，这种情况下要如何解决德国问题，谁也不知道。

雅科布这时也毫不隐瞒自己的忧虑，他以74岁的高龄写信给自己的老朋友说："在我们的中年时期，有可能发生重大变故的祖国问题现在已经被提出来了。但是这时候我们也日薄西山了，一切都还是模糊的，德国的前途陷入了一片迷茫中。"

随着时间的流逝，雅科布年纪大了，对于政治的观点也变得激进了。

还在1848年的法兰克福大会上，他的发言就不同寻常。他曾说："对我来说，有一点是很清楚的，那就是贵族阶层作为一个特权阶层的存在是不应该的。贵族阶层，就是一朵没有香味甚至没有颜色的花朵。我们都希望将自由置于一切之上。什么能够比这更高呢？对于贵族，我的建议是废除，废除市民和农民之间的一切法律上的差别，不授予较高的贵族称号，这样贵族就会渐渐自消自灭了。"

作为年迈的学者是不能走上街垒了，但是格林兄弟的著作能够真诚地、全力地促进自己祖国的发展。

他们从报纸上了解到世界上发生的日常事件，这时也发生了一些改变整个时代面貌的事件。

报上会经常登出最新的发明，不是带脚蹬的自行车出现了，就是电灯可以点亮整个世界。人们还对钢铁铸造、蒸汽车以及阴辐射议论纷纷。1860年以前，德国铁路网的长度扩展到了12000公里。

在这个以技术进步为标志的新纪元，艺术也迈出了很大的步伐。

从里哈尔德·瓦格纳的《罗恩格林》和捷奥多尔·施托姆的

短篇小说《茵梦湖》中，我们又听到了浪漫主义的声音。奥托·路德维希的悲剧《世袭林务官》和他的短篇小说《天地之间》、古斯塔夫·弗赖塔格的描写商人的长篇小说《借方与贷方》、戈特弗里德·凯勒的《绿衣亨利》等一些作品的出现，很好地证明了新文学，也就是现实主义文学的出现。

可能格林兄弟对这些新作的兴趣并不是很大，吸引他们的文学依旧是阿尔尼姆、布伦坦诺和歌德的作品。现在，他们更愿意放下学术研究去散散步。

威廉愿意到乡间，去呼吸乡间的新鲜空气。他很喜欢小城市的安宁闲适，从松林中吹来的风令人心旷神怡，满眼的草地，人们还经常晒白粗麻布。这样的离群索居的生活才是现在他们最需要的生活。

和以前一样，雅科布更喜欢积极的调节方式。

1853年，雅科布再次来到瑞士，他访问了南部法国，到了马赛，还经过了意大利的北部，来到威尼斯。后来取道奥地利，路经布拉格，终于在几周的旅行之后回到了柏林。

虽然已经暮年，但雅科布仍然坚持着自己的爱好，他会珍惜优美的景色，会了解其他的国家。他知道，自己已经没有多少时间来享受这个世界的美了，1852年，弟弟卡尔的去世使得他身边的亲人越来越少了。现在就只有威廉和路德维希·埃米尔了。

威廉的皱纹已经布满了全身，他无奈地看着自己一天比一天老。同时，他也高兴地看到孩子们都已经撑起了一片天空：盖尔曼在研究文艺史，鲁多利夫通过法学考试后在柏林刑事法庭工作，女儿奥古斯塔也已经20岁了，学业相当优异，只等待在合适的时机大展身手，威廉对他们每个人都寄予了很大的希望。

在威廉70岁的时候，有一次说道："我们一步一步在自己的路上缓缓而行，时光消逝，过去的东西都抛在了后边，它们像一座座高山一样，散发着柔和的芳香，还在傍晚的霞光中散发着灿烂的光辉。"

1852年，《德语语法》第一卷和第二卷没有修改就重新出版了，1853年时，雅科布的《德国语言史》出了第二版。1854年，雅科布的其他作品也进行了再版，《德国神话集》出了第三版，《古代德国法律》出了第二版。

在《古代德国法律》新的前言中，雅科布说这就是他过去以特别愉悦的心情写的一部书。

的确，雅科布开辟了走向研究工作新领域的道路，不过以后，在这条路上走的将会是别人。这是一个已经看得很远，却没有力量到达的人所有的无力感。

雅科布在科学院发表的文章，属于19世纪50年代具有重大成果的作品。特别有两篇作品具有丰富的学术思想以及出色的语言特色，这就是1851年的《论语言的起源》和1859年为纪念席勒诞生一百周年时写的《论席勒》，这两个报告在雅科布在世时就已多次再版并且还译成了法文。

其中《论语言的起源》的报告已经远远超出了语文学的问题范围，这是一篇具有语言哲学精神的学术著作。在这篇作品里，雅科布承认，语言的起源是"神秘莫测且不可思议的"，他还表示，希望从这种神秘之中弄清某些东西。

雅科布还指出了人类语言和动物语言之间的差别：动物语言是先天具有的、永远不变的以及千篇一律的，这种声音和人类语言处于完全相反的状态。人类的语言每时每刻都在变化，每个人都掌握它。在人类那些不需要训练就可以自然形成的习惯中，除了所有民族都具有的呻吟声、哭声和叹息声之外，就是肉体感觉的其他表情，是可以与动物归为一类的。也是这一点，与人类的语言是不相干的。

人类的语言到底从何而来呢？它是不是某种先天的、与生俱来的东西抑或是上帝的创造物呢？雅科布提出了第三种论点，即语言是人类精神的产物。

雅科布通过以下说法表达了自己的观点："我认为，人类的语言既不是上帝的产物，也不是所谓的先天的性质。先天的语言可能会使人变成动物，上帝赐予的语言则认为人是上帝。它不是任何别的东西，而应当认为它是人类的，在起源和发展中为我们所绝对自由掌握的东西，它不是别的东西，而是我们的历史，是我们的遗产。"

雅科布还说，人类所掌握和发展的语言只有上帝在人类的心灵里奠定了这种基础才有可能达到高度完善的程度。

"语言是一种不间断的劳动的成果。人们应当将他们所拥有的东西归于上帝，而将自己在善和恶中所得到的东西归于自己。这是一份珍贵的礼物，上帝将灵魂也就是说话的能力给了我们，运用这种能力我们才开始思考，学会了语言，我们才能说话。思维和语言一样是我们的财产，我们天性中所固有的自由，就是建立在这两者的基础上的。"

雅科布小心翼翼地做出总结说："正在遮掩着的语言起源的帷幕稍稍打开了一点，只是还没有完全打开。"

1859年11月，雅科布在一次隆重的会议上对科学院发表了演说，他利用这个机会赞颂了两位伟大的魏玛人，一个是歌德，另一个就是席勒。他坚持要为这两位诗人建立永久的纪念碑，即出版他们的优秀的学术版文集。他说："我们彼此并肩争取光荣，在出现可以与他们相匹敌的人之前，100年已经过去了。"

这时的德国为了纪念席勒，到处响起了钟声，雅科布在谈到德国人民的政治期望时，大声说："在隆重纪念的时刻，但愿这个钟声能够将妨碍我们民族统一的一切扫除干净。"

威廉对科学院所作的报告后来也在科学院的《学术论丛》上发表了，威廉的报告没有涉及那些迫切的问题，他只是对较早期所研究的弗赖塔格的作品动物故事的学术著作作了补充，并就《波利费姆的传说》和中世纪长诗《玫瑰花园》中新的片段和其他作品的研究情况作了报道。

一篇具有重要意义的论文《论韵脚史》，将近200页，后来还出了单行本。在这篇论文中，他试图对于作为独特艺术手段的韵脚及其在各个时代诗歌中的运用进行详尽而全面的分析。虽然威廉过去对民间创作进行了大量的研究工作，可是这一次却转向了深奥的艺术。

后来，威廉又着手研究他熟悉的童话。

1855年夏，在他去养病的时候，带走了《童话集》的第三卷，在疗养院清闲的日子中，他对这一卷进行了改写。1856年，这一卷附有说明的《童话集》出了第三版。

这之后，他又完成了前两卷的修改工作，《童话集》的不同版本不但在语言形式上有着一些细微的差别，包括童话的数量也不完全一样。

直到1857年，"大部头"的《童话集》第七十版问世了。

威廉用极大的热情编写这部作品，还经常运用一些新的材料来进行修改和补充。雅科布则是向读者介绍"童话本质研究的成果"。《童话集》是格林兄弟共同的一部作品。

1859年，威廉对自己的女助手哈克斯特豪森家的安娜·封·阿伦斯瓦利德讲了这样一个故事：

"这是一个不错的男孩，他的眼睛很漂亮。一开始他在雅科布那里，后来他被多尔特亨带到了我的房间。他腋下夹着一本童话书，他问：'可以给您读一篇文章吗？'于是他很形象生动地读了一篇童话故事，在童话的结尾他说：'谁不相信，就让他交付三马克银币。'男孩说：'既然我不相信，那么我就应该交给您三马克银币，不过没有人给我那么多钱，所以我不能做到这一点。'

"后来他从一个橘黄色的小钱包中拿出一个铜币，递给了我。我说：'我想把这个铜币赠还给你。'他答道：'不，妈妈说，作为礼物的钱不能要。'"

年老的威廉在这时了解到，格林兄弟的童话书在孩子们的心里占有一席之地，他觉得这是一件美好的事情。

3. 最后的时光

1859年秋，威廉在易北河休息完之后回到家中，他的健康状况好了很多。他甚至还打算出版弗赖塔格的《理解》的新版本，以及12月15日在科学院作《无名诗（玫瑰花园）》的报告，但是这个计划最终没有能够实现。

12月3日雅科布到了汉堡，却在12月5日接到了令人惊慌的电报，他立即赶回了柏林，看望处于危急状态的威廉。

外科手术已经无济于事了，他的体温也一直在升高。12月15日至16日的夜里，威廉失去了知觉。雅科布一直在弟弟床前守着，坐在床头的安乐椅上，细细听着病人的呼吸声。

威廉微微转头看了哥哥一眼，认为那样的影子是哥哥的肖像，肖像同本人真的是很像。全家人都在这里，后来威廉慢慢认出了他们。

在最后一天的早晨，他说话好像是处于半睡半醒的状态，迷迷糊糊的。12月16日，将近下午3点的时候，威廉肺部停止了呼吸，他结束了他的痛苦。

在林克大街宅子里，威廉逝世的那间书房中，一切都非常安静。威廉不久前用过的书还打开着，墨水瓶、笔、纸张都跟原先一样，没有任何异常，静静地待在它们原先的地方。

后来朋友们送来了花圈。

12月20日早晨，送葬队伍从格林家向圣玛特费伊教堂附近的柏林公墓走去，亲人、朋友、学生还有许多学者都跟在灵柩的后边。

这是一个寒冷的12月天气，雅科布走在两个侄子，即威廉的儿子盖尔曼和鲁多利夫之间。下棺的时候，雅科布抓起一把土，撒入墓中，在这可怕而又异常痛苦的时刻，雅科布表现得冷静而又坚强。

他很镇静，他知道没有多久，死神也会让他停止工作。在家庭日记中，雅科布记道："没有多久，我也会跟着亲爱的弟弟一起去了，和他躺在一起，就像我跟他整个一生都在一起一样。"

威廉的去世在德国各邦也引起了人们的深切悲痛，报纸和杂志报道这个消息后，从柏林各地寄来了许多的信件。达利曼在信中写道："亲爱的朋友威廉·格林的逝世真的让我很震惊！"路德维希·乌兰德回应说："噩耗传来的时候，我的面前正放着一本关于德国英雄传说的书，我在研究这一类文学时，这本书是我最忠实也是最经常的顾问。"

同为哥廷根七君子之一的盖尔维努斯参加了葬礼。

盖尔曼在《沃斯报》上还写了一篇悼文。文中说："如果说我们因此失去了什么的话，我想是一个孜孜不倦为德国增光的人。他为此做了太多的工作，他几乎已经满74岁了，却一直没有退休。他一本书一本书地出着，没有虚度过一天。

"童话故事、翻译的丹麦歌曲、出版的古诗、德国英雄传说以及一篇篇的科学院论文，包括他最后参加编写的《德语词典》这个庞大的任务，所有的这些都像是为他脸上增光的一片片花圈上的叶子。在他刚刚因为重病而卧床不起的时候，正好他所承担的字母D词条的部分完成了，他有幸地感受到了完成任务的喜悦……

"但是他的亲人们现在考虑的并不是这一切，在亲人眼中，还有许多使他们念念不忘而又高尚得多的事情。现在回想他的温柔、安静、公正和亲切，他所具有的这一切，都像是非常纯洁的东西。他竭尽全力完成各种工作的态度扩大到了更多的方面……

"威廉·格林是一位真正高尚的人，他能够敏锐地理解童话中人民的幻想境界，并且用优美的语言将它描绘出来。他善于在短小的故事中很自然地表达出作品的本质方面。在他的那些严格的学术著作和普及性很广的文章中以及他的演说和书信里，我们都能看到他始终如一的观察欢乐和成功表达这种观察成果的能力。

"对世界来说，是失去了一个人；对我们来说，失去的则是什么也不能替代的。随着时间的流逝，可能人们会很少再想起他了，但是他所做的一切都在他的作品中、他的名字中。

"只要我们现在还说着德语，只要德语还存在着，威廉·格林的名字就意味着一个将自己整个人生和全部力量献给人民的高尚名称。"

雅科布在努力克制着自己失去手足的悲痛。他说："从童年时代，我们就在一起了，但是现在，曾经将我们联系在一起的一切都永远不存在了。"

生活还是要继续，雅科布同多尔特亨以及威廉的孩子们依旧住在一起，他们对他的爱戴是雅科布现在唯一的安慰了。

多尔特亨保持着威廉生前书房的样子，威廉的书桌也是原封不动的，雅科布还会经常到这里来取一些藏书。在没有停止呼吸之前，雅科布还是将自己置身于工作之中。

1860年1月26日，也就是在弟弟逝世后的几个礼拜，为了纪念腓特烈大帝的诞辰，雅科布在科学院发表了重要演说。但是这一次，雅科布没有再谈及普鲁士的历史，也没有谈及正在变化的政治形势。因为他的年纪以及弟弟的逝世，他选择了每一个人都会面对的话题——论年老。

雅科布不是局限于西方诗人和哲学家所考虑的人的生活方式，他是从老年人生活智慧那一点切入的："老年人应当为他注定要走的最后阶段充满感激之情，因为在接近死亡的时候，已经没有什么可悲伤的了。当然，偶尔他也可以回首往事，感受隐隐的忧伤，就像在闷热的白天过去之后，傍晚坐在自己的房中，躺在椅子上乘凉一样，沉思自己过去的生活。

"一个比自己很多朋友和亲人都长寿的人，在晚年的时候很容易感觉到孤独，认为自己是一个被人忘却的人，情绪也会不稳定，忧喜参半。"

这些话就像是他的自白。

他又说："有一点是为老年人预定好的方式，那就是单独散步。对于老年人来说，每次的散步都是一种满足。散步时每走一次，每呼吸一次，都可以从清洁的空气中获得生活的力量。根据我自己的体验，我可以安静而又自由地思考，当我沿着漫长的小路在草地上和原野上走的时候，一些美好的念头会在我的脑中浮现。在家中没有解决的疑惑，在这里就可以出乎意料地迎刃而解了。"

沉默片刻后，雅科布对科学院的院士们谈及一件可贵的事情："当我在提加尔登公园出乎意料地遇到从另一头迎面走来的弟弟的时候，我真是难以掩饰自己的喜悦之情，我们就并肩走着，没有说一句话，但是这样的事情在今后是不会再发生了。"

在演说中，他也为年老的自己说一些安慰的话："老年人以极其虔诚的心情仰望着头顶闪烁的群星，它们自古以来就是这样照耀着的，而且不久这些光亮还会照耀到他的墓上。"

科学院的会议结束之后，雅科布又回到了自己安静的工作室，他从书架上面找到自己需要的重要书籍，并将它们放在椅子旁的小书架上面，书桌旁边还有专门为他印的带有宽边的《词典》样本。词典还没有装订，一页一页的有一大叠，雅科布可以很方便地取出任何一张，在宽边上面为下一次的印刷做修改。

老年人的睡眠时间总是很短，他很早就开始工作，很晚才回去休息。他总是不知疲倦地工作着。但是他也不是一个隐居者，报纸送来的时候，他会仔细地看一遍。

有时雅科布也要接待远道而来的客人，因为他掌握了多种语言，所以交流并不是问题。有一次，来了几位日本客人，他就用荷兰语同他们交谈，当然，气氛很融洽。

1860年2月6日，雅科布为《德语词典》的第二卷写了序言，他承认说，这是在他被忧郁包围的时候写的。

在序言中，雅科布还对自己弟弟的创作态度进行评价："他的工作虽然缓慢，但是很沉着。如果他因为材料交晚了而使读者感到焦急，那么这之后，读者就会因为材料的准确性高且系统化而获得极大的喜悦。当我们一起做什么事情的时候，威廉总是不急不慢的，他的从容不迫和优雅总是胜我一筹。"

现在，雅科布是一人承担《词典》的工作，在第二卷出版之前，雅科布已经开始了字母E词条的准备了。印刷厂送了校样，雅科布进行检查核对。之后，他们将印好的样张寄给订货人，同事们也都收到了《词典》的各个分册，他们得以欣赏这位老专家的新作。

雅科布是在完成自己的责任，他对于自己多年前就承担的工作真的是守信不渝，即便他知道自己完成不了这部著作了，但是他还是坚信它的重要性和必要性。

王国科学院举行了对科学院成员威廉·格林的告别仪式，除了雅科布之外，没有邀请任何人参加，雅科布于1860年7月5日，对学者们发表了自己正式的演说。

当他开始说话时，声音就已经有些沙哑了，中途还停顿了好几次，后来稍微好一些，变得流利起来了。

雅科布重点提到他们兄弟的童话集和词典。

最后的时候，雅科布抑制不住自己的感情说："只要我拿起《童话集》，我的心情就会变得压抑，我痛苦地流着泪，我几乎在每一页上都会看到弟弟的模样和他努力工作的痕迹。"

整个1861年，雅科布都在日复一日地编写着E词条，一册接着一册，随后雅科布又开始编写字母F词条了，因为他一直追求尽善尽美，所以对于自己开始的成果总是感到不满，后来他发现只有在第二版的时候才能够搞好。

第三卷在1862年幸运地问世了。

后来，雅科布因为不得不改变自己的工作对象，就间断了几个月《词典》的编写工作。就这样，雅科布在法律史方面发现了真正的"金矿脉"，工作永不停息，发现就源源不断。

有段时间，雅科布发现自己开始越来越多地回忆起过去的岁月了，他常常在夜里醒来，而且久久不能入睡。这时，他就会坐起来，拉开窗帘，望着星空，有时也会躺在床上，望着窗外，观察夜色在初露的晨曦中慢慢消失，大自然的美妙在这个时候显得那么清晰。

1862年11月13日，路德维希·乌兰德逝世了。他和格林兄弟一样，研究古代德语、传说和诗歌方面的东西。作为一位晚期浪漫主义的代表，乌兰德具有威廉那样的诗人天性，也具有雅科布那样严谨的钻研态度。乌兰德的离开使得雅科布开始思考自己的终期。

在1862年圣诞节的时候，雅科布陷入沉思并且清醒地意识到不可避免的事情将要发生。他写道："我的生活道路已经到了终点，现在我的状况也开始急转直下，在日常的劳动中，几个月的时间有时候快得就像几天一样，转瞬即逝。我的健康状况不尽如人意，不过还好我的精力还没有被完全消耗殆尽。"

新的噩耗从卡塞尔传来了，1863年4月4日，弟弟路德维希·埃米尔·格林在他73岁的时候离开人世。埃米尔是一个美术学家，他曾在许多幅图画和素描中描绘了格林兄弟的世界和周围环境。他是卡塞尔艺术学院的教授，他的逝世再次给雅科布以沉重的打击。

雅科布的脑中不停地产生着新的计划，但是他没有将这些计划告诉任何一个人。他只是知道：他想为《童话集》写新的序言，继续编写《法院判决》，还想写一本关于德国风俗习惯的书，甚至计划写一篇关于爱尔兰史诗《芬歌儿·六古史诗》和《帖莫拉》的论文。

雅科布对一篇专门研究动物传说的文章《狐狸列英哈尔特》写了评论，并考虑对歌德和卡尔·奥古斯特之间的通讯写评论文章。

他还找时间阅读了新的书籍，比如，在读过希腊童话集之后，雅科布又一次确信，他和威廉共同努力的成果《童话集》是值得继续编写下去的。

1863年6月9日，当雅科布打开《德语语法》第一卷时，他了解到，这本书已经不能再继续编写下去了。他一页一页地翻着，脑海中浮现了很多愉快的回忆。他检查了自己亲手作的注和补充，在页边的下边都有着不大的故事。

在书页之间既有彩色的条带，还有鸟的羽毛或是几张画片。画片有一张是妈妈从摇篮中抱小孩子出来，正在亲吻，还有一张是在林间小道上一个农民正在赶着载重的马匹。还有一个雅科布用粉纸剪的一个小孩子的侧像，他将它贴在《德语语法》的一页上面。

1863年6月的一天，雅科布在书上标注了日期，好像要同这部他编了有十年之久的并且由此打开了通向新科学道路的作品告别似的。

现在，他将自己的全部注意力都集中在了《德语词典》上面。

雅科布依旧会在空闲的时候去散步，走到提加尔登公园后再返回来。这时，可以看到他身穿灰色的夏季服装，宽边的帽子可以部分地遮盖他满头的白发。他将手放在背后，照直走着，只是稍微向前低着头。他走路不用拐杖，所以他总是避开柏林那些喧闹的地区。

就这样在提加尔登公园的小路上走着，公园安静闲逸的环境使他感到高兴，他常常会停下来，仔细听听树叶被风吹起时的沙沙声。不知道从什么时候起，他的听力开始一天不如一天。但是雅科布并不因此苦恼，用他自己的话说，"从来没有感到过有同许多人打交道的要求"，所以对他来说，有一个很小的圈子就足够了。

在一次散步的时候，雅科布遇到了别尔托里德·奥埃尔巴赫，他是《乡村的故事》的作者，他们一边谈一边并肩走着。奥埃尔巴赫后来回忆说："他外表很和气、温柔，其中寓有伟大和包容一切的精神。"

散步回来后，雅科布继续《词典》的编写工作。他已经编到F词条的中间了。这里的最后一个词是"果实",他还曾为这个词写过一篇文章呢。就这样,他以果实结束了自己多年的《词典》编写工作,同时也结束了自己整个的工作……

1863年夏,雅科布是与多尔特亨以及孩子们一起在哈茨山度过的。回来之后不久,就是在1863年9月,雅科布得了一次感冒,但是没有多长时间就稍微好转了,食欲也变好了一些。

死亡总是来得很突然。

威廉的女儿奥古斯塔叙述当时的情况是:午饭过后,我们让他在床上稍稍起来一会儿,他独自走到窗前,坐到平常一直坐的藤椅上休息。还没有回答几个问题,他就突然倒在了我的怀中,他温柔地看着我,但是脸色非常苍白。我甚至想,这是就要离去还是只是昏迷了,也可能是右半身的中风,他却不能说话。夜里,他昏昏沉沉地躺着,体温在升高,心脏剧烈地跳动着,像是要断裂一样。

他应该是处于清醒之中,他能够认出周围的亲人和朋友。他伸出左手,拿住威廉的照片,将它很近地放在眼前,仔细看着,后来又放在了被子上面。

1863年9月20日晚上10点20分,雅科布就这样离开了我们,悄无声息。

雅科布停放遗体的地方摆着一个白玫瑰做成的花圈,白色的挽带上绣着以下几个醒目的字:献给少年儿童之友,孩子们敬献。

1863年9月24日上午9点,雅科布被安葬在圣玛特弗伊教堂附近的公墓,在他弟弟威廉的身边,是的,他们这一次可以永久地在一起了。

在为格林兄弟立墓碑的时候,遵照雅科布临终的遗愿,墓碑上没有加任何称号,只是在生卒年前刻着两人的名字:威廉·格林之墓;雅科布·格林之墓。

风轻轻吹，唤不醒沉睡的人，它轻轻将沉睡人留下的美好吹散到全世界。我们是生活在童话世界里的小人物，默默地，却坚强地存在着，一直存在着。

附录

格林兄弟生平

雅科布·格林(1785-1863)，德国著名语言学家，和弟弟威廉·格林(1786-1859)曾同浪漫主义者交往，思想却倾向于资产阶级自由派。他们注意民间文学，搜集民间童话，亲自记录，加以整理。其中有许多幻想丰富的神奇故事表达出人民的愿望和是非感：贪婪的富有者得不到好下场；被压迫、被歧视的劳动者和儿童经过重重灾难，最后得到胜利；农民和手工业者在受人轻视或凌辱时显示出惊人的智慧，而暴君、地主自以为有权有势，实际上却愚蠢无知，在人前丢丑；忠诚老实、被"聪明人"嘲笑的"傻瓜"总是得到同情和赞扬。但这些童话的蓝本大都是封建社会的产物，更加以编纂者的唯心主义世界观的局限，其中不少是带有浓厚的宗教情绪，宣扬封建道德，鼓励安分守己的处世态度的。

威廉·格林（1786-1859）德国民间文学研究者，语言学家，民俗学家。1786年2月24日生于美因河畔哈瑙的一个律师家庭，1859年12月16日卒于柏林。1803年入马尔堡大学学法律。1829年威廉担任了大学教授。1837 年格林兄弟和另 外5位教授因写信抗议汉诺威国王破坏宪法而被 免去教授职务，这7位教授被称为格廷根七君子。1840年底应普鲁士国王威廉四世之邀去柏林，任皇家科学院院士，并在大学执教。1848年雅科布被选为法兰克福国民议会代表。去世后葬于柏林马太教堂墓地。

格林兄弟：德国民间文学研究者，语言学家，民俗学家。兄弟俩分别于1785年1月4日和1786年2月24日生于美因河畔哈瑙的一个律师家庭，分别于1863年9月20日和1859年12月16日卒于柏林。两人的经历相近，爱好相似，并先后于1802年和1803年入马尔堡大学学法律。1808年兄雅科布在卡塞尔任拿破仑的弟弟威斯特法伦国王热罗默的私人图书馆管理员。1813年拿破仑兵败之后，威斯特法伦王国被废除，建立了黑森公国，雅科布任公使馆参赞，参加了维也纳会议。弟弟威廉从1814年起任卡塞尔图书馆秘书。1816年雅科布辞去外交职务，担任卡塞尔图书馆第二馆员。1819年格林兄弟获马尔堡大学名誉博士学位。1829年兄弟俩应汉诺威国王的邀请到格廷根，雅科布除任大学教授外，还和弟弟一起任哥廷根大学图书馆馆员，稍后威廉也担任了大学教授。1837年格林兄弟和另外5位教授因写信抗议汉诺威国王破坏宪法而被免去教授职务，这7位教授被称为格廷根七君子。格林兄弟被逐，后回到卡塞尔。1840年底格林兄弟应普鲁士国王威廉四世之邀去柏林，任皇家科学院院士，并在大学执教。1848年雅科布被选为法兰克福国民议会代表。兄弟俩去世后都葬于柏林马太教堂墓地。

从1806年开始，格林兄弟就致力于民间童话和传说的搜集、整理和研究工作，出版了《儿童和家庭童话集》（两卷集）和《德国传说集》（两卷）。雅科布还出版了《德国神话》，威廉出版了《论德国古代民歌》和《德国英雄传说》。1806～1826年间雅科布同时还研究语言学，编写了4卷巨著《德语语法》，是一部历史语法，后人称为日耳曼格语言的基本教程。在《德语语法》1822年的修订版中，他提出了印欧诸语言语音演变的规则，后人称之为格林定律。他指出，在印欧语系中日耳曼语族历史上，辅音分组演变，在英语和低地德语中变了一次，后来在高地德语中又再变一次。事实上，格林定律只是大体上正确，后来由K.A.维尔纳加以补充。1838年底格林兄弟开始编写《德语词典》，1854～1862年共出版

第一至三卷。这项浩大的工程兄弟俩生前未能完成，后来德国语言学家继续这项工作，至1961年才全部完成。

格林兄弟对民间文学发生兴趣在一定程度上受浪漫派作家布仑坦诺和阿尔尼姆的影响。他们收集民间童话有一套科学的方法，善于鉴别真伪，他们的童话一方面保持了民间文学原有的特色和风格，同时又进行了提炼和润色，赋予它们以简朴、明快、风趣的形式。这些童话表达了德国人民的心愿、幻想和信仰，反映了德国古老的文化传统和审美观念。《格林童话集》于1857年格林兄弟生前出了最后一版，共收童话216篇，为世界文学宝库增添了瑰宝。格林兄弟在语言学研究方面成果丰硕，他们是日耳曼语言学的奠基人。

雅科布·格林（1785-1863）与威廉·格林（1786-1859），出身官员家庭，均曾在马尔堡大学学法律，又同在卡塞尔图书馆工作和任格延根大学教授，1841年同时成为格林科学院院士。是德国的两位博学多识的学者——民间文学研究家、语言学家、历史学家。但他们最卓越的成就，却是作为世界著名的童话故事搜集家，以几十年时间（1812-1857）完成的《儿童和家庭童话集》，即现在俗称的"格林童话"，它包括200多篇童话和600多篇故事。其中的代表作如《青蛙王子》、《灰姑娘》、《白雪公主》、《小红帽》等均脍炙人口。

格林兄弟年表

1785年，雅科·布格林1月4日出生在哈脑的一个律师家庭。

1786年，威廉·格林2月24日诞生。

1791年，全家从哈脑移居施太诺。

1796年，格林兄弟的父亲逝世，格林兄弟对此深感悲痛，他们对父亲的尊敬和思念一直都在。

1798年，格林兄弟在卡塞尔开始读书。

1802年，雅科布入马尔堡大学学习，因为父亲是律师，所以雅科布学习法律算是对父亲的致敬。

1803年，威廉入马尔堡大学学习，跟哥哥雅科布一样学习法律。

1805年，雅科布第一次到巴黎旅行，格林兄弟的母亲迁居到卡塞尔。

1806年，雅科布任军事委员会秘书，同年，威廉通过了法学考试。

1807年，雅科布离开军事委员会。

1808年，格林兄弟的母亲逝世，这是继父亲逝世后，格林兄弟再一次深刻体会到失去亲人的痛苦，他们更加珍惜身边的亲人，特别是弟弟妹妹。雅科布在卡塞尔任拿破仑的弟弟威斯特法伦国王热罗姆的图书馆管理员。

1809年，雅科布任国务会议秘书，威廉到哈勒、柏林和魏玛旅行。

1813年，雅科布任黑森外交代表团秘书。

1814年，雅科布到柏林和维也纳旅行，威廉任卡塞尔图书馆秘书。

1815年，雅科布参加维也纳会议以及执行在巴黎的任务，威廉沿莱茵河旅行。

1816年，雅科布辞去外交职务，任卡塞尔图书馆管理员。

1819年，雅科布和威廉任马尔堡大学名誉博士。

1822年，妹妹洛塔嫁给了哈先普弗卢格。

1825年，威廉与多尔特亨·维尔德结婚。

1826年，洛塔的孩子和威廉的孩子相继夭折，孩子们的夭折给大人带来的心理创伤真的很难抚平，妹妹洛塔为此身体也深受影响。

1828年，威廉的儿子盖尔曼诞生，这个孩子的诞生算是给家庭增添了一份喜气，大家也感恩上帝又给了他们希望。

1829年，兄弟两人应汉诺威国王的邀请，到哥廷根去。

1830年，雅科布任哥廷根大学教授，威廉任图书馆管理员。

1831年，威廉任编外教授。

1833年，妹妹洛塔的逝世给格林家庭带来又一次沉重的打击。

1835年，威廉任在编教授。

1837年，由于"哥廷根七君子"写信抗议汉诺威国王废除《宪法》，兄弟两人被免去了职务，雅科布赴卡塞尔。

1838年，雅科布到法兰克福和萨克森旅行，威廉回到了卡塞尔。

1840年，兄弟两人应普鲁士国王威廉四世之邀赴柏林，任皇家科学院院士，并且在大学执教。

1841年，兄弟两人迁居柏林，并在柏林大学讲课。

1843年，雅科布去意大利旅行。

1844年，雅科布去瑞士旅行。

1846年，雅科布主持第一届法兰克福日耳曼学家代表大会。

1847年，雅科布主持第二届律贝克日耳曼学家代表大会。

1848年，雅科布参加法兰克福国民会议。雅科布放弃了教学活动，以便献身研究工作。

1852年，威廉同哥哥一样停止教学活动，完全从事研究工作。

1859年，威廉于12月16日逝世，终年73岁。

1863年，雅科布于9月20日逝世，终年78岁。兄弟两人逝世后都葬于柏林马太教堂墓地。